王燕飞 著

长江经济带产业升级与协同发展

中国社会科学出版社

图书在版编目（CIP）数据

长江经济带产业升级与协同发展／王燕飞著 .—北京：中国社会科学出版社，2022.9

ISBN 978－7－5227－0867－6

Ⅰ.①长… Ⅱ.①王… Ⅲ.①长江经济带—产业结构升级—研究②长江经济带—区域经济发展—协调发展—研究 Ⅳ.①F127.5

中国版本图书馆 CIP 数据核字（2022）第 166554 号

出 版 人	赵剑英
责任编辑	孔继萍　高　婷
责任校对	郝阳洋
责任印制	郝美娜
出　　版	中国社会科学出版社
社　　址	北京鼓楼西大街甲 158 号
邮　　编	100720
网　　址	http://www.csspw.cn
发 行 部	010－84083685
门 市 部	010－84029450
经　　销	新华书店及其他书店
印　　刷	北京君升印刷有限公司
装　　订	廊坊市广阳区广增装订厂
版　　次	2022 年 9 月第 1 版
印　　次	2022 年 9 月第 1 次印刷
开　　本	710×1000　1/16
印　　张	11.5
字　　数	201 千字
定　　价	68.00 元

凡购买中国社会科学出版社图书，如有质量问题请与本社营销中心联系调换
电话：010－84083683
版权所有　侵权必究

前　言

我国产业的快速发展得益于20世纪90年代，特别是2001年加入WTO后全国各区域对全球价值链的参与。这场由东部沿海地区率先发起、中西部地区渐次参与的全球价值链融入浪潮，带动中国迅速成为全球制造大国。但是以低端要素嵌入全球价值链发展外向型经济，带来我国产业发展低端锁定和区域失衡的双重挑战，产业升级面临收益分配不对称、技术发展路径依赖、产业片段化等诸多困境。沿全球价值链价值增值的线性升级思路，中国产业很难实现从低端向中高端的迈进。国家价值链基于国内外统一大市场发展起来，以国内要素为支撑，由本国企业通过掌握产品链关键技术或控制核心环节等高价值创造活动获得产业链高端竞争力。推进国家价值链构建将有利于我国产业发展突破全球价值链下的产业升级困境，扭转区域间失衡的产业关系结构，推动产业高端升级和区域协调发展。

覆盖上海、江苏、浙江、安徽、江西、湖北、湖南、重庆、四川、云南、贵州等11个省市的长江经济带横跨我国东中西部三大区域，联通了"一带"和"一路"。其产业能否持续升级以及实现区域的协同发展对新发展阶段中国经济的稳定健康和全方位开放格局的形成都具有重要意义。推动长江经济带发展是以习近平同志为核心的党中央作出的重大决策，是关系国家发展全局的重大战略。2016年1月5日、2018年4月26日、2020年11月14日，习近平总书记分别在重庆、武汉、南京主持召开三次长江经济带发展座谈会，讲话都涉及长江经济带产业升级与协同发展问题。若能发挥长江"黄金水道"联通优势，在长江经济带构建起以自主技术和国内要素为支撑的国家价值链体系，或能为打破全球价值链产业升级障碍，推动中国产业整体升级和跨区域协同发展探索出新的路径和机制。

本书旨在从我国产业升级现实困境和长江经济带特有的战略区位、要素资源、产业基础等优势出发，以长江经济带产业升级和协同发展为突破，从国家价值链视角研究如何推动长江经济带产业升级，并且通过区域产业协同发展机制的构建拓展产业升级空间、激发创新活力、挖掘升级潜力，以区域产业升级带动全国产业升级。同时以长江经济带为切入点，探讨我国区域产业升级和协同发展：一方面有利于从本土国情出发，准确定位我国产业发展现实，明确升级路径和发展机制，提高应对产业发展问题和国际经济形势变化的能力；另一方面长江经济带为国家价值链视角下我国产业升级提供了操作空间和参考性示范，研究将为长江经济带和我国更大区域内政府、企业的产业决策提供理论支撑，促进实践操作理性提升。本书的研究构想形成于2015年前后，对国家价值链内涵解读及提出的国家价值链视角下产业增值能力、产业整合能力和产业影响力的产业升级评价框架，是对我国构建以国内大循环为主体、国际国内双循环互相促进的新发展格局的前瞻性探索，为今天从产业链、价值链视角研究新发展格局构建提供了一定的参考。

本书感谢国家社科基金项目"国家价值链视角下长江经济带产业升级与协同发展的路径与机制研究"（15XJL007）、重庆市重大决策咨询研究课题"重庆产业智能化升级与创新发展研究"（ZDB2017014）、重庆市社科规划项目"成渝地区协同参与欧亚产业链的路径与机制研究"（2021NDYB049）的立项资助，感谢中国社会科学出版社的立项出版，当然文责自负。本书形成的研究成果《国家价值链视角下中国产业竞争力的测度与分析》一文发表在了《数量经济技术经济研究》2018年第8期，《国家价值链视角下长江经济带产业协同发展的测度及分析》一文发表在了《开发研究》2021年第3期，前者获得人大复印报刊资料《国民经济管理》2018年第10期全文转载、《中国社会科学文摘》2019年第1期论点转载,入选《世界经济年鉴(2019)》之世界经济统计学2018年最佳中文论文TOP10(排名榜单第5名)。

目　　录

绪　论 ……………………………………………………………（1）
　第一节　研究的背景与问题提出 ………………………………（1）
　第二节　研究的学术与应用价值 ………………………………（3）
　第三节　研究的内容与方法 ……………………………………（5）
　第四节　研究的特色与创新 ……………………………………（8）

第一篇　研究基础与理论框架

第一章　理论基础与文献综述 ……………………………………（13）
　第一节　产业升级的研究视角 …………………………………（13）
　第二节　产业价值链升级理论基础及文献综述 ………………（15）
　第三节　长江经济带产业升级与协同发展理论基础及
　　　　　文献综述 ……………………………………………（22）
　第四节　本章小结 ………………………………………………（26）

第二章　国家价值链视角下产业升级分析的理论框架 …………（28）
　第一节　产业升级路径演进的制度分析 ………………………（28）
　第二节　产业升级路径演进的数理模型推演 …………………（37）
　第三节　全球价值链视角下产业升级的困境 …………………（43）
　第四节　国家价值链视角下产业升级模型构建 ………………（47）

第五节　本章小结 …………………………………………… (57)

第二篇　历史与经验

第三章　世界主要流域经济带产业升级与协同发展的历史经验 …………………………………………… (61)
第一节　欧洲莱茵河经济带产业升级与协同发展历程 ……… (62)
第二节　美国密西西比河经济带产业升级与协同发展历程 …… (66)
第三节　本章小结 …………………………………………… (71)

第四章　长江经济带产业升级与协同发展的历史进程 ………… (73)
第一节　长江经济带产业升级与协同发展的政策演变 ……… (74)
第二节　长江经济带产业升级与协同发展的阶段性特征 …… (80)
第三节　长江经济带产业升级与协同发展的基础条件 ……… (85)
第四节　本章小结 …………………………………………… (91)

第三篇　现实基础

第五章　国家价值链视角下中国产业升级的事实及特征 ……… (95)
第一节　总体分析 …………………………………………… (96)
第二节　行业分析 …………………………………………… (98)
第三节　地区分析 …………………………………………… (103)
第四节　本章小结 …………………………………………… (108)

第六章　国家价值链视角下长江经济带产业升级的事实及特征 …………………………………………… (111)
第一节　总体分析 …………………………………………… (112)

第二节　行业分析 ……………………………………………（114）
第三节　地区分析 ……………………………………………（118）
第四节　本章小结 ……………………………………………（121）

第七章　国家价值链视角下长江经济带产业协同发展的事实及特征 …………………………………………………（123）
第一节　长江经济带产业协同发展的指标体系构建 ………（123）
第二节　长江经济带产业协同发展的评价及分析 …………（126）
第三节　本章小结 ……………………………………………（135）

第八章　国家价值链视角下长江经济带产业升级影响因素的实证分析 …………………………………………………（136）
第一节　研究设计与实证模型 ………………………………（136）
第二节　数据处理与统计描述 ………………………………（138）
第三节　实证结果及解释 ……………………………………（141）
第四节　本章小结 ……………………………………………（145）

第四篇　路径选择与机制建设

第九章　国家价值链视角下长江经济带产业升级的路径选择 ………………………………………………………（149）
第一节　战略性新兴产业升级的路径选择 …………………（149）
第二节　传统产业升级的路径选择 …………………………（151）
第三节　推动产业技术路径选择能力提升 …………………（153）
第四节　强化产业升级的积极因素 …………………………（154）

第十章　国家价值链视角下长江经济带产业协同发展机制体系建设 …………………………………………………………（156）
　第一节　长江经济带产业价值链协同发展机制 ……………（156）
　第二节　长江经济带技术创新协同发展机制 ………………（158）
　第三节　长江经济带生态环境协同发展机制 ………………（160）
　第四节　长江经济带跨省际区域协同发展机制 ……………（161）

参考文献 ………………………………………………………（163）

绪　论

第一节　研究的背景与问题提出

自1978年推行从农村到城市的全面经济改革，中国经济就凭借"奇迹式"的快速增长，一跃成为世界第二大经济体和世界制造中心。中国产业也经历了前所未有的发展和进步，从计划经济时期的重工业单一发展，到各类产业的发展壮大，新产业随新技术的出现不断涌现，产业规模迅速扩大，产业结构日渐优化，产业价值链持续提升。中国产业快速发展除得益于自身的经济改革，还源于对全球价值链（Global Value Chain，GVC）的深度参与，以1991年12月25日苏联解体、冷战结束为标志，随着国际环境改善，信息技术、基础设施飞速发展，贸易便利化，全球化浪潮带动世界产业进入了产品内分工时代，产品生产的各环节分散在了世界各国和地区，以产品内分工和全球生产网络为基础，全球价值链产生并发展起来。长江经济带以长江三角洲地区为代表以及中国东部沿海地区通过国际代工嵌入全球价值链，依靠偏向劳动要素的技术选择使中国迅速成为全球制造大国。

2001年中国加入WTO，长江经济带和我国产业都以更加广泛的地域和更加深入的参与，与全球价值链融合发展。产业升级实践也在一段时期由全球价值链"流程升级→产品升级→功能升级→链条升级"的路径（Kaplinsky & Morris，2001）主导。作为全球分工价值增值链条的一部分，我国产业寄希望于沿这一路径，实现价值链的"层级攀越"，长江经济带也跟随全国战略在产业升级上由其主导。但现实来看，这一线性升级思路作为企业战略无可厚非，作为大国国家战略，则值得商榷。在世界产业实践中，大部分融入 GVC 底部并跟随 GVC 路径发展的后进经济体并未实现价值链攀升（唐海燕、张会清，2009）；少数成功升级产业的经济体起初虽定位于 GVC 低端后来却转型为并行地构建国家价值链（National Value Chain，NVC）体系，如"亚洲四小龙"（Amsden & Chu，2003）。究其原因，依托 NVC 发展起来的企业具有更强的功能升级能力（Schmitz，2004；Bazan, Navas-Alemán，2004）。由于技术是价值链攀越的关键要素（Andrea et al.，2008），当前 GVC 框架下发达国家处于"链主"地位可以通过制定标准、控制工序严格限制代工国家的自主创新（Gereffi et al.，2005），发展中国家引入的跨国公司通常也只为占有市场，"干中学"式的技术进步只能为其带来要素禀赋的比较优势提升，却不能转化成产业的竞争优势。因此当前 GVC 下发展中国家可以完成低级的流程和产品升级，在功能和链条升级时将难以突破技术的硬约束，以及在此基础上的品牌、市场限制，形成低端路径依赖（刘志彪等，2007，2009，2017）。刘志彪及其合作者洞察到以 NVC 构建推动全球价值链重构对我国产业升级的重要性，提出基于本土市场需求的 NVC 是中国产业高端升级和取得国际竞争优势的必然之路，获得学者认可（孙建波、张志鹏，2011；钱方明，2013；崔向阳等，2018）。

长江经济带覆盖上海、江苏、浙江、安徽、江西、湖北、湖南、重庆、四川、云南、贵州等 9 省 2 市，面积超过 200 万平方千米，约占我国国土面积的 21.4%，2019 年 GDP 达到 45.8 万亿元，人口超过 6 亿，经济总量和人口占比均超过全国的 40%[①]。在地理区位上，长江经济带联通了"一带"和"一路"，横跨我国东中西部三大区域，其产业能否持续升级以及实现区域的协同发展对新时代中国经济的高质

---

① 根据长江经济带各省市 2019 年《国民经济和社会发展统计公报》计算整理。

量发展和全方位开放格局的形成都具有重要意义。当前长江经济带建设作为国家发展战略，若能借长江经济带建设，发挥长江"黄金水道"的联通优势，突破全球价值链产业升级思路，在产业集中、梯级特征突出的长江经济带构建起以自主技术和国内要素为支撑的国家价值链体系，或能为中国产业整体升级和跨区域协同发展寻找到适宜的路径和建立起良性的发展机制。

第二节 研究的学术与应用价值

一 研究的学术价值

第一，从国家价值链视角研究产业升级，有利于进一步深化产业升级内涵认知，更好地将产业升级一般经验与发展中地区产业升级特殊性结合，补充和完善产业升级理论分析框架，夯实产业升级研究理论基础。本书基于国家价值链视角对产业升级的研究将宏观的产业结构升级与微观的价值链升级结合，为产业结构升级找到微观基础；将价值链视角从全球价值链拓展至国家价值链，致力于产业升级一般经验、价值链变动规律、产业技术演进路径的认知，更好地从理论上阐释了发展中区域产业升级的一般性与特殊性，补充和完善了现有产业升级理论分析框架。

第二，将国家价值链内涵从国内市场拓展至国内外统一大市场，构建了国家价值链产业升级理论框架，有利于进一步发展国家价值链产业升级理论，为量化分析的发展奠定理论基础。本书在刘志彪和张杰（2009）研究的基础上提出"国家价值链是基于国内外统一大市场发展起来，以国内要素为支撑，由本国企业通过掌握产品链关键技术或控制核心环节等高价值创造活动获得产业链高端竞争力，并与区域或全球价值链共存融合的价值链分工生产体系。"将国家价值链内涵从国内本土市场拓展至国内外统一大市场，深化了国家价值链的内涵认知；在国家间投入产出模型（Inter-Country Input-Output，ICIO）基上构建的基于产业价值增值能力、产业整合能力、产业影响力的产业升级理论分析框架，进一步发展了国家价值链产业升级理论，奠定了量化分析的理论基础。

二 研究的应用价值

第一，通过对长江经济带产业升级的历史回顾和系统评价，有利于更好地从本土国情出发，客观认识长江经济带产业升级的现实基础和影响因素，提高应对不断变化的国际经济形势和国内日益突显的各类产业发展问题的能力。长江经济带产业升级攸关中国经济的持续和稳定发展，中国经济在经历40年的高速增长后进入新阶段，中国未来经济能否持续进步、不断跨越，长江经济带产业升级有着至关重要的影响。一方面中国经济进入新阶段，伴随支撑中国经济过去发展的低端劳动密集型产业出现萎缩和有望引领未来的知识技术密集等新兴产业兴起，有必要从理论和经验的角度分析中国产业升级的历史进程和顺序逻辑，认清当前中国产业发展的新现象、新问题，从跨越东中西部的长江经济带进行解剖具有较强的代表性和典型性。另一方面由于国际环境和中国国际经济地位的变化，中国参与国际分工从融入全球价值链转向构建国家价值链，长江经济带和中国产业都亟须突破速度规模的传统思维，以新的视角进行综合认识和系统评价，在此基础上掌握长江经济带产业发展的真实定位，为我国突破产业升级障碍奠定基础。

第二，产业升级攸关中国经济的持续和稳定发展，长江经济带为探索通过国家价值链构建突破现有全球价值链视角下我国产业升级障碍提供了操作空间和参考性示范。长江经济带产业的梯度差异、区域产业的关联性与要素流动的便利化为国家价值链下产业合理分工与协调布局提供了可能，通过系统探索，有利于从本国国情出发，全面认识长江经济带产业发展的现实基础及影响因素，明确升级路径和发展机制，为长江经济带和我国更大区域内政府、企业的产业升级决策提供理论支撑，促进实践操作的理性提升。

第三节 研究的内容与方法

一 研究内容

本书的研究目的是从中国产业升级现实困境和长江经济带特有的战略区位、要素资源、产业基础等优势出发，以长江经济带产业升级和协同发展为突破，在国家价值链视角下研究如何推动长江经济带产业升级，并通过区域产业协同发展机制的构建拓展长江经济带产业升级空间、激发创新活力、挖掘升级潜力，以区域产业升级带动全国产业价值链升级，共包括绪论及四篇十章内容，具体为：

第一、二章为第一篇，研究基础与理论框架。在第一章理论基础与文献综述中，首先明确了产业升级的研究视角，从研究产业结构升级理论、产业价值链升级理论文献说明产业升级研究发展。其次对本书重点关注的产业价值链升级理论从全球价值链理论、国家价值链理论以及二者的比较进行了文献回顾和评述。再者对长江经济带产业升级与协同发展的文献展开分析，为后续研究提供概念准备和奠定理论基础。第二章国家价值链视角下产业升级分析的理论框架，首先，从世界产业升级路径的一般经验出发，理论阐释了产业升级的顺序逻辑，揭示了价值链升级在区域产业高端升级中的重要性，以此为基础分析了长江经济带产业升级的顺序逻辑。其次，通过数理模型对产业升级技术路径的演进展开分析，以验证理论分析中关于产业技术选择的判断，为下一步实证分析提供理论准备。再者，说明了全球价值链视角下发展中区域产业升级的困境，提出国家价值链视角下的产业升级思路。在此基础上，以国家间投入产出（ICIO）模型为基础，构建了国家价值链产业升级模型，提出价值增值能力、价值整合能力、产业影响力的产业升级理论分析框架。

第三、四章为第二篇，历史与经验部分。第三章世界主要流域经济带产业升级与协同发展的历史经验，选取了具有代表性的欧洲莱茵河经济带和美国密西西比河经济带，就其发展历史进程总结了经验和启示。第四章长江经济带产业升级与协同发展的历史进程，首先是结合长江经济带发展战略的时期演变，对长江经济带产业升级与协同发展的政策演变进行回顾总结。其次从长江经济带的发展历程提炼改革开放后不同历史时期长江经济带产业升级与协同发展的阶段性特征，即城镇群内产业链垂直一体化分工、城镇群内产业链分工协同多领域拓展以及跨城镇群产业升级与协同发展三个阶段。再者结合第三章的经验启示和现实条件，从产业发展空间、要素、产业基础、创新、城镇群、基础设施等多个方面说明了长江经济带产业升级与协同发展的基础条件。

第五至八章为第三篇，现实基础部分。第五章和第六章分别为国家价值链视角下中国产业升级和长江经济带产业升级的事实和特征，两章均是利用第二章提出的理论分析框架，对中国和长江经济带区域整体产业升级从总体、行业和地区等多个维度展开分析，对中国产业升级的分析是为了更加深入和全面把握长江经济带产业升级与协同发展的现实基础。第七章国家价值链视角下长江经济带产业协同发展的事实及特征，首先是在第二章理论分析框架的基础上，构建了基于产业价值链均衡性、融合性、互补性、开放性以及可持续性等五个要素层面10个测算指标的国家价值链视角下长江经济带产业协同发展评价指标体系，利用长江经济带分省市的产业升级表现分析评价其协同发展。第八章为国家价值链视角下长江经济带产业升级影响因素的实证分析，重点关注了技术选择对产业价值链升级的影响，利用计量分析方法对长江经济带和全国产业升级影响因素展开了实证分析。

第九、十章为第四篇，路径选择与机制建设，是在总结本书研究工作和主要结论基础上获得的政策启示，为国家价值链视角下长江经济带产业升级与协同发展的实现提供政策参考和基础制度发展的建议。

二 研究方法

本书在对相关领域文献进行检索、分类、整理、提炼的基础上，归纳总结已有相关理论和经验研究成果，注重多视角、多维度的整体分析，理论研究与实证分析、定性推理与定量评价结合，指标构建与量化测算的综合运用，以兼顾理论研究的实用性、研究方法的科学性和数据可得性，确保研究结论的可靠性。

第一，理论研究法。首先，在对相关理论和文献评述中，阐释产业升级的结构升级和价值链升级的研究视角，厘清产业结构升级、国家价值链与全球价值链的关系。其次，通过对产业升级路径演进一般经验的观察，阐明产业升级的顺序和逻辑，并针对长江经济带产业升级从国家价值链视角展开历史和制度分析，为对应研究思路和研究路径的实施打下理论基础。

第二，数理建模分析法。在理论分析提出的研究假设和问题的基础上，第二章运用较为成熟的理论模型和方法，对相关问题进行理论阐释、为实证研究搭建模型基础，如产业技术路径演进的数理模型推演中主要使用的柯布—道格拉斯生产函数（Cob-Douglas Production Function）、国家价值链视角下的产业升级分析主要使用国家间投入产出（ICIO）模型等。

第三，数理统计分析法。为验证理论分析中提出的假设命题和待解问题提供经验证据与解决办法，本书采用了基于中国统计年鉴、中国工业经济统计年鉴、中国劳动统计年鉴、WIOD（World Input-Output Database）、MRIO2015-CEADs 等公开发布，研究广泛采用的国内和国际数据资料，对长江经济带产业升级的现实基础进行了数理统计分析，运用指标测算、描述性统计、比较分析等方法，并注重采用总体和部分结合、时间和空间结合的测算维度，从而突出研究的针对性、实用性和权威性。

第四，计量实证分析法。为深入分析国家价值链视角下产业升级的影响因素，本书应用数理统计分析获得的数据，在理论研究的基础上，采用行业—地区面板和行业—时间面板等多角度的数据，考虑地区、行业等与解释变量交互项的影响，应用计量分析方法对国家价值链视角下长江经济带产业升级影响因素开展实证研究，并以全国数据进行对照分析。

第四节　研究的特色与创新

本书的研究特色和可能的创新点为：

第一，突破了全球价值链产业升级研究视角，拓展了国家价值链内涵认知。本书从国家价值链视角研究产业升级，突破了现有全球价值链的产业升级研究视角，对国家价值链的内涵认知从国内市场拓展至国内外统一大市场，为国家价值链与全球价值链联系融合找到基础。研究提出国家价值链不是国内价值链，是以全球统一大市场为基础，以国内要素供给为支撑，以本国企业为主体的产业价值链，其关键是打破现有全球价值链下产业升级的技术限制。在全球化遭受冲击和新技术新产业加快涌现的产业革命窗口期，作为中国产业发展重点区域的长江经济带，产业升级更应该关注产业价值链的整合和对关键技术、核心环节的掌握，以国家价值链重构产业技术链和要素供应链，促进技术链条与要素禀赋动态变化的适应，推动产业价值链提升。

第二，理论阐释了产业升级路径演进的一般规律，长江经济带产业升级的分岔升级，以及技术路径选择在其中的作用机制。区别于现有部分研究（Ernst，2000；桑瑜，2018）将一体化分工基础上的价值链升级与要素禀赋基础上的结构升级对立或割裂，本书在相关研究（Kaplinsky，2000；Ernst，2001；张培刚、张建华，2009）基础上，提出产业升级是价值链提升和结构改进的整体发展，价值链链条升级扩展到宏观就是结构升级的基本判断，应用制度分析和数量模型推演厘清了二者的顺序和逻辑，对技术路径选择在其中的作用机制进行解析，深入剖析了长江经济带和我国产业升级的顺序逻辑以及造成当前产业升级困境的根本原因，说明国家价值链构建对长江经济带产业升级的重要意义。

第三，推演了国家价值链视角下产业升级的基本模型，将定量研究引入国家价值链产业升级的分析评价。针对当前国家价值链视角下产业升级以定性分析为主，定量研究的缺乏使得研究结论说服力不强的问题，本书以国家间投入产出（ICIO）模型为基础，通过构建国家价值链视角下产业升级量化分析框架，应用 WIOD 数据和 MRIO2015-CEADs 数据分别对国家价值链视角下中国产业升级、长江经济带产业升级、长江经济带产业协同发展的事实特征进行测算评价，以全面把握长江经济带产业升级和协同发展的现实基础，并开展影响因素的实证分析。

第一篇

研究基础与理论框架

第一章

理论基础与文献综述

第一节 产业升级的研究视角

产业升级研究有两个视角。一是宏观视角，关注企业和行业的升级活动所引发的产业结构变化的现象。二是微观企业视角，考察企业竞争能力的提高以及企业在产业链中地位的变化。Ernst（2000）最早使用 Industrial Upgrading 概念，认为产业升级与结构调整存在差异甚至是对立的，这种对立主要来自发展路径和实践的不同。

早期产业升级研究主要定位于产业结构升级，产业结构即各产业部门之间的比例关系，资源在不同产业间的动态配置推动产业结构升级。在李嘉图（1817）和赫克歇尔—俄林（1919）的要素禀赋思想基础上，以配第—克拉克定理为代表（Petty，1690；Clark，1940），产业升级即是主体产业的转换过程，遵循主体产业的农业→工业→服务业或劳动密集→资本密集→技术密集的演化路径（Kuznets，1946；Chenery，1975，1979；Echevarria，1977）。

国内较早讨论产业升级的是吴崇伯（1988），认为产业升级是产业结构的升级换代，即"迅速淘汰劳动密集型行业，转向从事技术与知识密集型行业"，徐东华（1999）、高燕（2006）、纪玉俊和张莉健（2018）等都采用了相同定义。张培刚和张建华（2009）较为系统地论述了产业结构升级，提出产业结构升级是一个产业结构优化、高级化的过程。产业结构优化即产业结构与当前一国经济的要素禀赋的匹配度提高的过程；产业结构高级化即产业结构从低度水准向高度水准发展的过程，也就是新旧产业优势地位不断更替的过程。新产业的不断涌现是产业结构升级的关键，由于新产业的产生源于原有产业母体，产业结构升级应是一个有序而渐进的过程。一般而言，新旧产业更替和转换序列主要有：从生产要素的密集度上看，存在着由劳动密集型向资金密集型，向资金技术密集型，再向知识技术密集型演变的顺序；从采纳新技术革命成果的能力上看，存在着由传统产业向新兴产业，再向传统与新兴产业相结合产业转换的顺序；从三次产业变动看，存在着由低附加值向高附加值，再向更高附加值演变的顺序。① 何平等（2014）、孙大明和原毅军（2019）就将产业升级定义为产业结构高级化和合理化。

20世纪90年代后全球价值链理论形成将产业升级研究拓展至了价值链升级。基于产业的垂直一体化分工，Gereffi（1999）认为产业升级是一个过程，在这个过程中，企业或经济体提升其进入利润率更高或技术更先进的资本和技能密集型活动的能力。桑瑜（2018）也提出，"产业升级应当与产业结构升级区分开来。产业升级是一个产业由低附加价值向高附加价值演进的过程，包含两个基本要素：一是产业保持不变，比如传统农业升级为现代农业，农业本身的性质没有改变；二是产业的生产效率或产品附加值要增加，比如相对于传统农业，现代农业的生产效率显著提高，技术含量也大大提升。"从分工与改变我国在全球分工体系位置的角度，黄建康等（2010）等认为产业升级直接表现为企业在一个全球价值链中顺着价值链阶梯逐步提升的过程；王岚和李宏艳（2015）指出一国产业升级关键是培育技术优势，提升全球价值链嵌入位置；涂颖清（2011）分析了我国产业升级的三条路径，包括同一产品分工链上的升级、同一产业内产品结构的升级

---

① 张培刚、张建华：《发展经济学》，北京大学出版社2009年版，第336页。

和不同要素密集度产业间的升级；许南和李建军（2012）全球价值链分解促使产业结构升级方式演变为价值链环节的攀升。

以此为基础，区别于 Ernst（2000）、桑瑜（2018）等将产业升级与产业结构升级对立或割裂，许南和李建军（2012）简单地将价值链升级作为结构升级的方式，本书认为产业升级是价值链提升和结构改进的整体发展，前者从微观角度表达了产业链条纵向发展中企业和经济体生产活动的价值增值能力提升，后者从宏观角度刻画了产业类别更替带来的不同类型产业在整体经济中的比重变化。并且，宏观产业结构升级以微观的价值链升级为基础，Kaplinsky（2000）曾指出全球价值链收益的根本来源是优势禀赋的"经济租"，产业链条升级扩展到宏观就是结构升级。Ernst（2000）虽提出产业升级与结构调整存在差异甚至对立，但关于产业升级方式，Ernst（2001）认为有产业间升级、要素间升级、需求升级、功能升级、链接上的升级五种类型，产业间升级实质就是产业结构升级，与张培刚和张建华（2009）研究中产业结构升级就是新旧产业优势地位不断更替的定义一致。

第二节　产业价值链升级理论基础及文献综述

一　全球价值链视角下的产业升级研究

全球价值链理论是伴随贸易自由化和产品内分工理论发展起来的。自 20 世纪 90 年代全球价值链形成和迅速发展，曾出现过多个不同的相关概念表述，比如 Gereffi 和 Korzeniewicz（1994）提出的全球商品链（Global Commodity Chain），在赫希曼（1958）产业链概念基础上的全球产业链，Stevens（1989）供应链概念基础上的全球供应链，Rayport 和 Sviokla（1995）提出的虚拟价值链（Vitrual Value Chain，VVC），曼彻斯特学派（Henderson，2002；Dicken，2005 等）提出的全球生产网络等，更普遍的观点则沿用了波特的价值链概念称为全球价值链。2000 年，为了减小多概念对统一研究框架形成的不利影响，在洛克菲勒基金会发起下，在意大利贝拉吉尔国际研讨会上成立了全球价值链研究团队，一致认可了全球价值链作为共同术语和分析框架。原因在于全球价值链概念最具包容性，能够系统反映经济全球化下整个产品链条上的活动及最终产品，体现不同类型价值链和网络的内容，包括了产业组织、空间、产品与服务等多个层面，可以用来分析环节分工、产业转移等全球化下的经济现象（Gereffi et al.，2001）。此后全球价值链代替原来使用的相关概念进入研究。

2001年，Gereffi及多位研究者在 *IDS Bulletin* 杂志上推出了一期关于全球价值链的特刊——《价值链的价值》（The Value of Value Chain），强调在价值链上的企业在价值创造和价值获取方面的重要性，并从价值链的角度分析了全球化过程，指出应把商品和服务贸易看成治理体系，价值链的形成过程也是企业不断参与到价值链并获得必要技术能力和服务支持的过程，推动了全球价值链研究的继续深入。Sturgeon等（2001）认为全球价值链的组织规模包括参与某种产品或服务的生产型活动的全部主体；全球价值链在地理分布上具有全球性特点，是由不同国家的参与者构成的；全球价值链的参与主体包括所有一体化企业、零售商、领导厂商、交钥匙供应商和零部件供应商等。联合国工业发展组织（2002）对其进行了正式定义，"全球价值链是指在全球范围内为实现商品或服务价值而连接生产、销售、回收处理等过程的全球性跨企业网络组织，涉及从原材料采集和运输、半成品和成品的生产和分销、直至最终消费和回收处理的过程。它包括所有参与者和生产销售等活动的组织及其价值利润分配，并且通过自动化的业务流程和供应商、合作伙伴以及客户的链接，以支持机构的能力和效率"。

全球价值链视角下的产业升级，是指制造更好的产品、更有效地制造产品或者从事需要更多技能的活动（Kaplinsky，2001）。已在全球价值链之中或尚未进入的企业通过嵌入全球价值链获取技术进步和市场联系，从而提高竞争力，参与到附加值更高的活动中。产业升级的实现路径，Humphrey和Schmitz（2000）提出了"工艺升级→产品升级→功能升级→链条升级"的阶梯式道路。所谓工艺升级是指以生产体系重组或更优良技术改进上升到更先进的生产线，提高生产效率；产品升级即改进老产品，推出新产品，获得更高的附加值；功能升级，是向上下游延伸价值链，如代工企业通过提升创新能力从生产环节向技术研发环节跨越，或通过品牌打造向营销环节跨越，实现收益增加；链条升级也就是跨产业链升级，是凭借原有价值链获得的知识优势，跨越到收益更加丰厚的新的价值链，比如比亚迪从手机电池生产，跨越到车载电池生产和新能源汽车生产。

以此为基础，较多关于发展中经济体产业升级路径研究都认为，发展中经济体产业升级的一般轨迹是首先嵌入全球价值链，而后沿全球价值链完成"工艺升级→产品升级→功能升级→链条升级"全过程，如表1—1所示。Kaplinsky和Morris（2001）从企业层面解释了升级过程，企业在工艺升级阶段主要扮演OEM的角色，进入产品升级时，往往意味着实现了从OEM到ODM的转变，而功能升级通常出现在OEM到OBM的转变过程中。因而价值链的升级，与很多发展中经济体大力代工企业的升级过程基本一致。[①]

表1—1　　　　　　　全球价值链视角下产业升级轨迹

	流程	产品	功能	链条
轨迹	→			
实例	原始设备组装（OEA）↓原始设备制造（OEM）→	自主设计制造（ODM）→	自主品牌制造（OBM）→	链条转换（如从黑白电视到电脑显示器）
非嵌入程度	从价值链中获取的增加值不断增加 →			

资料来源：Kaplinsky R., Morris M., *A Handbook for Value Chain Research*, Brighton: IDS, 2001, p.40。

[①] 刘维林：《区域产业全球价值链嵌入的绩效与升级路径研究》，经济科学出版社2014年版，第22页。

对这一路径实现的可能性，早期研究大多是给予积极认可的。Gereffi（1999）曾提出价值链主导企业对价值参与经济体产业集群升级的促进作用，并且认为在价值链主导企业的治理下，发展中国家产业集群能够实现阶梯式的升级，为此发展中国家沿全球价值链的产业升级过程能够自动实现。但 Humphrey 和 Schmitz（2002）认为上述价值链阶梯式升级并不能自动实现，在全球价值链准科层制的治理结构下，价值链中的领导企业会将发展中国家的区域产业升级限定在生产领域，难以进入附加值更高的环节，即前面两个阶段的流程和产品升级较易实现，一旦跨越功能升级和链条升级则十分困难，形成价值链锁定（Lock-in），发展中国家产业升级必须具有战略意识和大力投资，发挥创新体系作用。Cramer（1999）、Kaplinsky 等（2002）也从发展中国家产业升级实践印证了 Humphrey 和 Schmitz（2002）的观点。

二 国家价值链视角下的产业升级研究

对国家价值链的研究开始于金融危机前后，基于中国产业在沿全球价值链攀升受阻的现实，以及外需疲软、逆全球化趋势显现等因素，学者们意识到产业升级不能只是全球价值链上的价值增值，张其仔（2008）提出一个国家产业升级路径选择要解决产业升级的方向、产业升级的幅度和产业升级中断风险的规避等三大问题。刘志彪和张杰（2007）较早提出"国家价值链"概念，认为中国应加快国内市场空间基础上的国家价值链构建，推动产业整合升级。目前，研究对国家价值链的内涵认识还未达成一致，以刘志彪及其合作者为代表的多数研究从国内资源整合出发，认为国家价值链是基于内生增长能力的体内循环，如刘志彪和张杰（2009）的界定，"国家价值链基于国内本土市场需求发育而成，由本土企业掌握产品价值链的核心环节，在本土市场获得品牌和销售终端渠道以及自主研发创新能力的产品链高端竞争力，然后进入区域或全球市场的价值链分工生产体系。"也有研究将国家价值链理解为国内价值链，是全球价值链在范围上的缩减版，如黎峰（2016）认为尽管存在营销渠道、分工范围及治理结构的差异,从生产网络组织运营角度,NVC 与 GVC 并无本质差别,国家价值链分工参与度是以内需为基础的内资企业融入国家价值链的程度,反映其生产的国内垂直专业化合作水平。费文博等(2017)、潘文卿(2018)从分工涵盖的地域范围出发也将国家价值链等同于国内价值链,并且认为国内的区域价值链(Regional Value Chain,RVC)与 NVC 和 GVC 存在相互包含的关系。因而基于国家价值链产业发展的数量测算,主要是利用国内投入产出表,对国内部分的分析。

以此为基础,较多研究认为国家价值链下产业升级应立足于国内市场(徐康宁、冯伟,2010;张国胜,2011;徐宁等,2014);一些研究提出构建国家价值链需要重视产业互动,创建自主发展的价值网络(徐从才、丁宁,2008;刘明宇、芮明杰,2012;袁中华、詹浩勇,2016);一些研究从区域发展角度,提出东部"两头在外"加入全球价值链影响了国内产业链条的延伸,压制了产业水平更低的中西部(张少军、刘志彪,2009,2013;韩艳红、宋波,2012;王海杰、吴颖,2014;崔向阳等,2018),而地方政府的利益冲突阻碍了国家价值链的建立(叶红雨、钱省三,2009;高煜、杨晓,2012)。同时,产业的分类研究也颇具启发性,柴斌锋和杨高举(2011)区分了高技术产业与传统产业,以国内投入结构联系国家价值链和全球价值链,发现高端投入不足严重制约了中国产业价值链提升;而赵放和曾国屏(2014)得出在全球价值链中低端构建相关国家价值链将造成高技术行业对低技术行业的挤出,提示区域差异、产业类别及相互影响对国家价值链下产业升级路径影响的重要性。

在以上研究基础上,本书认为国家价值链反映的是一国产业价值构成,这种价值构成不仅分布在国内区域,而且与国外相关区域也密不可分,是基于国内外统一大市场发展起来,以国内要素为支撑,由本国企业通过掌握产品链关键技术或控制核心环节等高价值创造活动获得产业链高端竞争力,并与区域或全球价值链共存融合的价值链分工生产体系。国家价值链下的产业升级在企业层面同样遵循工艺、产品、功能和链条升级的路径,而链条升级扩展到宏观即是产业结构升级。技术创新引发的产业链延伸拓展，企业的专业化分工深化与衍生企业数量增加，扩大了产业链中的技术溢出效应和规模效应，从而建立起一种远大于单个企业点优势和单一产业链优势的产业群优势，带动要素禀赋结构提升和产业结构升级。

对于国家价值链视角下的产业升级评价，本书将其核心概括为三方面的能力：一是产业价值增值能力，主要体现一国产业体系的价值创造和获取能力。二是产业价值整合能力，主要从国内区域分工构成出发，体现国家产业发展的完整性和经济发展的独立性；在当前国际产业更迭加剧和政治经济领域"黑天鹅"事件频发的后危机时代，产业的完整性和经济的独立性将是一国基于本土要素自主创新形成发展的基础条件，国家产业走向更高技术水平的生产专业化形式的有力保证。三是产业影响力，从产业与关联经济体的分工构成出发，体现特定经济体产业对全球和相关经济体产业发展的影响及地位，以及自身所受影响。

三　国家价值链与全球价值链的比较

国家价值链与全球价值链同在全球经济互通共融的发展框架下，从不同的视角定位产业升级。本书对国家价值链的定义超越了本国空间界限，更拉近了国家价值链与全球价值链的距离，二者的联系体现在：一是一国产业的国家价值链与相关的全球价值链是共存互融的，例如中国电子制造业的价值链是以分布于国内和全球各个国家和地区的中国企业连接而成，这一链条必然是全球分工生产网络的一部分。只是国家价值链构建的目的是打破全球价值链现有的"链式平衡"，通过寻求关键节点的改变，改造和重构全球价值链。二是价值链形成的基本条件一致。Hummels（2001）提出了全球价值链形成的三个条件：包括一种商品在多个阶段连续生产，两个或两个以上国家在商品生产过程中提供价值增值，至少一个国家在生产过程中使用进口投入品并出口产出的产品。国家价值链与全球价值链包含融合，其形成也同样需要这三个条件，只是国家价值链中提供价值增值和参与商品进出口的国家中要有本国。三是微观基础都是从事全球化经营的企业，无论是国家价值链还是全球价值链，或是区域价值链，其依托的都是企业生产的跨国界、跨区域经营，可以是产业链完整的大型跨国企业，也可以是从事外贸生产经营的专业化小企业。四是都是面向开放的产业分工生产网络，全球价值链形成和发展的基础就是全球化程度的加深，国家价值链构建也是为了更好地融入全球经济，实现更高水平的开放。国家价值链不等于国内价值链，经济全球化的必然趋势决定了一国经济不能游离于世界经济之外，国家价值链构建也绝不是闭门求全、孤立发展，而是通过更加密切联系国内外市场与国内外生产，更加有效地利用国内外要素资源，在此基础上实现更高水平的开放。

二者的区别体现在：一是对参与价值链分工收益来源的认识不同。全球价值链理论基于全球统一大市场的发展提出，认为贸易收益的来源是产品的国内外价格差异，各国参与全球分工以更加充分地利用丰裕要素从而获得更高的要素收益。但是全球价值链遵循的各国产业垂直一体化分工生产体系，在整体价值链收益一定的情况下，发展中经济体要素收益的多少取决于发达经济体对自身收益的让渡，实际上造成贸易国之间利益分配模糊（曹明福、李树民，2006）。国家价值链对贸易收益的认识不再局限于国内外价格比较的要素静态收益，而更加注重对本国就业、产业升级等带来的动态比较利益，为此国家价值链强调影响动态比较利益的三项内容——国内外统一大市场推动的市场拓展、本国企业的价值链主体地位、国内要素供给的基础支撑。其中技术作为核心要素，是建立在本国要素结构基础上、依靠自主创新获得的内生技术。二是产业升级的评价标准不同。全球价值链理论建立在全球化产品内分工的发展的基本前提下，资本、技术在全球范围内自由流动，各国产业分工地位以获取的收益为评价标准，产业升级的主要评价指标就是价值增值能力。国家价值链理论则充分考虑了产业链安全和逆全球化风险，从产业竞争力的角度思考产业升级，本书将其定义为价值增值能力、产业整合能力和产业影响力。三是对国家产业升级的路径判断不同。全球价值链下产业升级遵循线性思路，国家价值链下产业升级虽然在企业层面与全球价值链的升级路径相同，但是到国家和区域层面，国家价值链突破了全球价值链的线性升级思路，认为在特定领域和特殊时期，产业升级存在中断、分叉或跳跃，发展中经济体在国内要素优势、企业优势具备的条件下，一旦产业技术发展的机会窗口（Windows of Opportunity）打开，在适当的技术选择和产业政策推动下能够实现"蛙跳"（Leap Frogging）升级（Soete，1985；Brezis et al.，1993），就像18世纪英国超过荷兰，19世纪末美国和德国超过英国。

第三节　长江经济带产业升级与协同发展理论基础及文献综述

一　产业空间推进理论

在产业空间发展的研究中，德国学者Christaller（1933）和Lösch（1940）的"中心地"理论、美国学者Degeer（1927）的"工业四边形"理论奠定了产业空间推进的理论基础。20世纪50—60年代，法国学者Perroux的"增长极"理论、Whebell的"城市系统走廊"理论等进一步丰富了产业经济带研究，研究沿着产业空间推进理论脉络，主要围绕产业带的形成机理、内涵特征和演化阶段等进行一般分析。德国学者Werner Sombart在20世纪60年代较早提出了产业空间推进的"生长轴"理论，认为通过建设沟通各增长极的交通干线，有利于新的优势区位的形成，有助于人口流动、运费降低、产品成本下降，产业、人口等逐渐向交通干线靠拢聚集，这条干线成为工业区和居民区的集合轴，被称作"生长轴"。奥沙利文（2008）对城市交通走廊的研究进一步揭示了城市交通基础设施对沿线产业开发的重要性。发达的线状基础设施成为产业经济带形成的地理基础。

国内学者陆大道（1992，2014）、费洪平（1998）、郭振淮

(1996)、张从果和刘贤腾（2008）等较早研究了产业带的若干理论问题。课题组（2003）提出区域经济发展空间推进的点线面理论，"点"的发展是以城镇为依托来促进区域经济发展；各"点"集聚的要素资源沿"线"流动与区域经济带（产业带）发展；区域发展空间形态的高级形式是形成相互衔接和配套的"点线面"空间结构，其经济学意义就是各具特色的经济区。黄勤（2015）认为江河干线航道之所以成为产业带发轫和成长的生长轴线，还因为它具备其他基础设施没有的先天条件和比较优势，因而在产业的轴向聚集中起着先导性、基础性的作用。

二 流域经济带发展研究

我国流域经济带的研究始于20世纪80年代交通经济带（Traffic Economic Belt）的研究。费洪平（1998）将交通经济带界定为，以综合运输通道为发展主轴，以轴上或其紧密吸引域内的大中城镇为依托，建立在沿线经济部门技术联系和生产协作基础上的，由产业、人口、资源、信息、城镇、客货流等集聚而成的幅带状空间地域综合体。交通干线、以二三产业为主的产业体系、城镇群是交通经济带的3个基本要素，其中交通干线是交通经济带形成发育的前提条件；大中城市及城镇群是交通经济带的依托，是其发展的客观要求及增长极核；产业集聚、扩散及其结构的演进、升级是交通经济带得以维持的重要因素，是推进其发展的动力。[①] 韩增林等（2000）认为交通经济带随着工业化和运输化的逐步发展而相应演化，其发展最终伴随着人口、产业、城镇、信息等要素在空间上沿交通线的大规模集聚与扩散。交通线或新型运输技术的建设与引入，打破了区域经济系统原始的平衡态均质发展结构。

关于交通经济带的类型，陆大道（1992）按照交通轴线性质的不同，将交通经济带划分为4种基本类型：沿海型交通经济带，以日本

---

① 费洪平：《中国区域经济发展》，科学出版社1998年版，第68—74页。

太平洋经济带为代表；沿江（河）型交通经济带，以欧洲莱茵河经济带、我国长江经济带为代表；沿路型交通经济带，以俄罗斯欧亚铁路干线沿线经济带，我国京沪、京广、哈大、胶济铁路沿线经济带等为代表；综合运输通道型交通经济带，即由以上三种交通经济带随机复合而成，以美国波士华经济带、日本东海道经济带为代表。[①] 课题组（2003）也提出类似的 4 种经济带类型，即沿铁路线形成、沿骨干公路形成、沿河流形成以及沿交通网络形成的复合型经济带。可见，沿大江大河形成的流域经济带是交通经济带的主要构成类型。朱乃新（1988）针对流域经济带，提出流域是指江河流经的，经济发展同江河开发息息相关的区域。源远流长的江河，大多联内陆沟通海洋，河口处的沿海地区也是流域整体的重要组成部分。流域开发程度受相应地区经济技术总体水平的制约，而流域开发又反作用于总体经济技术水平。两者互为条件、互相促进、共同发展。[②] 对于长江流域发展，长江经济带的概念和范畴，经历了从"长江产业带""长江产业密集带""长江流域经济区""长江流域经济协作区""长江经济区"到"长江经济带"不断演进发展的过程。陆大道（2014）认为中国两个一级重点经济带——海岸经济带和长江经济带构成"T"字形，在经济最发达的长江三角洲交会，长江经济带将内地两个最发达的核心地区（成渝地区和武汉地区）与海岸经济带联系起来，就其经济基础和发展潜力，仅次于中国海岸经济带，在中国经济发展进入稳增长、调结构的重要时期，启动长江经济带建设具有极其重要的意义。

三 长江经济带产业升级与协同发展研究

从现有文献来看，关于长江经济带产业发展研究较为丰富，主要包括以下几个方面：一是对产业结构升级的研究，如黄庆华（2014）基于偏离—份额分析法（SSM）对长江经济带产业结构演变的研究；

[①] 陆大道：《区域发展及其空间联系》，中国铁道出版社1992年版，第33—71页。
[②] 朱乃新：《流域经济开发的一般特征和趋势》，《世界经济与政治论坛》1988年第6期。

王林梅和邓玲（2015）对长江经济带产业结构区域差异和优化升级趋势，以及产业结构趋同问题进行的实证分析等。二是基于产业布局优化，对长江经济带产业转移的研究，如罗良文和赵凡（2019）对长江经济带工业布局优化的研究；赵琳等（2013）对1992—2010年长江经济带整体经济发展以及空间分异过程的分析。三是关于产业集群的研究，如张治栋和王亭亭（2019）对长江经济带8个城市群产业集群的分析；方敏等（2019）对长江经济带产业集聚创新发展的路径研究；杨仁发和李娜娜（2019）对产业集聚影响长江经济带高质量发展的研究。随着长江经济带环境问题的日益重视，产业与生态环境协调、产业绿色发展也成为长江经济带产业升级的重点研究内容，如张治栋和秦淑悦（2018）以长江经济带108个城市为例，对产业集聚影响城市绿色效率的研究；王济干和马韵鸿（2020）对2008—2017年长江经济带各省市的工业环境规制效率的测算。可见，在长江经济带产业价值链升级上几乎没有研究涉足，并且对长江经济带产业整体发展的研究并不多见，此外基于长江经济带的空间分布特征，产业升级研究还广泛包含在区域产业协同发展研究中，产业协同发展的研究嵌入了大量产业升级研究。

针对区域的协同发展，较多研究从不同的区域展开了分析，如"一带一路"沿线的研究，郑玉雯和薛伟贤（2019）分析了丝绸之路经济带沿线42个主要国家协同发展的驱动因素；粤港澳协同发展的研究（覃艳华、曹细玉，2019）；京津冀协同发展的研究（张贵等，2014；孙虎、乔标，2015；杨开忠，2019；田学斌、柳天恩，2020）。其中张贵等（2014）发现京津和津冀间产业严重趋同，京冀间产业差异明显，协作倾向较强，产业转移已进入由梯度为主向转变城市功能以及产业创新、产业分工并行的新阶段；杨开忠（2019）认为区域协同需要丰富和发展可利用的地方不可贸易商品数量、多样性和质量。

关于长江经济带的协同发展，研究主要从绿色协同、创新协同、城镇群协同、产业协同等方面进行了研究。黄磊和吴传清（2019）关注了长江经济带的工业绿色创新协同效应。曾刚等（2020）基于复合生态系统、区域创新系统、关系经济地理理论构建了长江经济带城市协同发展能力评价指标体系，并对 2019 年长江经济带城市协同发展能力进行了分析，发现长江经济带城市协同格局呈现上海"龙头"地位显著、城市之间差异明显、核心——边缘结构特征鲜明、不同领域关系复杂等特征。钟业喜等（2016）在构建城市间经济联系网络基础上，对长江经济带经济网络结构演变及其驱动机制进行了分析，研究得出经济全球化、要素集聚与扩散、产业升级、交通技术创新与城镇群建设等机制共同驱动着长江经济带经济联系网络的演变及优化重组。

在产业协同发展方面，黄庆华等（2014）发现长江经济带三次产业产值稳步增长，长三角地区产业结构合理，长江中上游地区第一二产业竞争力强，政策导向影响、要素价格变化、区域分工合作以及产业发展的客观规律是长江经济带产业结构演变的主要影响因素。章屹祯等（2020）应用动态集聚指数、偏离份额模型（SSM）、静态集聚指数等方法对长江经济带制造业转移及区域合作进行了分析，发现长江经济带纺织业、黑色及有色金属冶炼业等劳动密集型与资本密集型制造业具有较强的空间转移特征，主要由上海、浙江向中、上游地区的贵州、湖南等地区多对多的扩散式和跳跃式转移，并表现为下游地区的"优势转移型""淘汰型"与中、上游地区的"优势集聚型"；中上游地区在交通运输、化学制造等行业发展较为薄弱，缺乏中心合作地区，需要下游地区提供更多的技术与资金支持。

第四节　本章小结

价值链思路开启了产业升级研究的新范式，因 GVC 思路以价值链前沿国家为标尺，对欠发达国家和发展中大国欠发达地区的产业发展缺乏指导，学者们提出了 NVC 思路。上述成果为本书提供了很好的理论基石和分析框架，但仍存在以下不足：一是将价值链思路与结构思路和要素禀赋思想对立或割裂，链间升级的宏观实质就是结构升级。

Kaplinsky（2000）曾指出 GVC 收益的根本来源是优势禀赋的"经济租"，这一点被后来较多研究忽视，为此现有研究大都为价值链既定发生路径下盯住链上前沿的产业升级方式研究，鲜有从 NVC 产业升级机制深入探讨本土产业路径演变、价值链形成规律开展研究，NVC 与 GVC 的关系也缺乏深入探讨。二是研究方法以定性分析为主，未建立起较完善的国家价值链产业升级理论分析框架，定量研究成果的不足使得研究结论和判断缺乏必要的数据支撑。三是长江经济带产业发展研究主要集中于产业结构和区域间经济联系等方面的研究，而对长江经济带产业价值链升级和基于价值链的产业协同缺乏探讨。

基于上述问题，本书从在拓展国家价值链内涵认知，厘清国家价值链、全球价值链关系的基础上，从理论阐释产业升级路径演进一般经验出发，认识长江经济带及我国产业升级的顺序逻辑，以国家间投入产出模型（ICIO）为基础构建国家价值链产业升级理论框架，在此基础上对长江经济带产业升级和协同发展展开分析，对现有研究在定量分析上的不足进行补充。

第二章

国家价值链视角下产业升级分析的理论框架

为了阐释国家价值链构建对当前长江经济带产业升级的理论和现实意义，对国家价值链视角下产业升级的路径有深入认识，我们需要对以下问题进行回答：在世界产业升级的进程中，各国产业升级是按照怎样的路径进行演进，特别是在技术路径上遵循着什么样的规律？价值链升级和结构升级在产业升级中有着怎样的顺序与逻辑？长江经济带产业升级的顺序与逻辑又是什么？为什么长江经济带和我国当前的产业升级需要从国家价值链视角进行研究，又应当按照怎样的理论框架开展研究？本章将就这一系列的问题展开讨论，并提出国家价值链视角下产业升级的理论分析框架。

第一节　产业升级路径演进的制度分析

产业升级路径的演进与产业技术选择息息相关，技术选择是否恰当，直接影响着经济增长绩效（张月玲，2017）。产业升级路径选择并非简单的产业选择，而是在遵循产业路径演进规律的基础上对产业发展的要素组合进行选择。技术选择能力是技术能力的重要体现，在技术能力提升中具有先导性和战略性的作用（Stewart，1984）。与发达经济体相比，发展中经济体产业升级更需要面临要素组合的确定问题，因此技术选择首先是针对发展中经济体提出来的（黄茂兴、李军军，2009）。为此，我们从产业升级路径演进的一般经验出发，基于技术选择路径的演变探讨产业升级的根本规律，分析长江经济带产业升级的顺序与逻辑。

一 产业升级路径演进的一般经验

尽管各国在地理位置、人口规模或文化与制度上存在差异，但是选择劳动密集型的工业发展几乎成为所有发达经济体开启工业革命的必要条件（文一，2016）。虽然工业革命之初的发达经济体是将劳动密集型产业作为战略性产业（文一，2016），而20世纪中期以后的发展中经济体将成熟的劳动密集型产业作为比较优势产业发展，但是劳动密集型制造业的崛起和发展却是成功工业化经济体开启工业化进程的普遍经验。

发达经济体工业化起步基本都遵循了劳动密集型产业为主体的技术路径，棉纺织业是英国工业革命的旗舰产业（Allen，2009；Beckert，2014；马瑞映、杨松，2018），美国、日本最初都选择了纺织业作为工业化起步的主导产业，中国也于1995年成为世界最大的纺织品生产国。曾经的世界经济头号强国荷兰却因沉溺于静态比较优势的土地和资源密集型的渔业、香料加工，以及助其开拓了新大陆的造船业（当时生产条件下很难实现机械化生产），这些对劳动力规模报酬递减和分工潜力不足产业的优先发展导致荷兰经济最终收敛到一个不再增长的"索罗"静态（Solow Steady State），荷兰在工业革命中落伍。[①]拉美地区经济的停滞和2011年以来再次下行的重要原因之一都是产业结构以资源密集型产业为主，经济发展没有摆脱对自然资源的依赖（谢文泽，2008；苏振兴，2015）。印度同样因为缺失了劳动密集型工业化阶段，经济发展绩效大大落后于20世纪五六十年代同时期开启工业化进程的韩国（李肇忠，1998）。那么，为什么是通过劳动密集型

[①] 文一：《伟大的中国工业革命》，清华大学出版社2016年版，第115—119页。

产业大发展叩开工业化大门；为什么在工业化进程开启后，有的国家发展起来，而有的国家却陷入了发展陷阱；技术路径选择在产业升级过程中有怎样的作用机制，在下文中就这些问题我们将展开进一步的理论探讨。

二 经济发达区域产业升级的顺序与逻辑

由于产业升级的根本动力来源于创新。对于处于技术前沿的经济发达区域（或经济体），其技术进步主要依靠自主创新（Hall，2009；Griffith，2006），Kugler 等（2007）提出经济发达区域（或经济体）产业升级应该开始于产业内部的价值链提升，因为在新产品引入中，政府或企业必须事先知道的"新产品应该为何"的信息在新产品生产出来之前并不存在，依靠新产品引入推动产业结构升级比产业内价值链提升更为困难；而价值链升级的路径则十分清晰，不存在产业升级方向的信息匮乏问题，加之价值链升级还能提供链条和结构升级的信息，因此研究并不赞成政策上的产业结构升级较价值链升级优先策略。从技术创新引发产业升级的进程而言，新技术的产生和应用是产业升级的前提，由技术变革引发产业内和产业间资源的优化再配置，二者共同作用带来产业升级（周茂等，2018）。处于技术前沿的经济发达区域（或经济体），其产业升级，甚至全球新一轮的产业升级，都应该是价值链升级先于结构升级发生，并且由于特定区域（或经济体）产品空间初始结构对其产业结构的影响（Hausmann et al.，2007），产业升级体现出路径依赖（周茂等，2018），呈线性升级过程。

图 2—1 显示了产业升级中价值链升级与结构升级的线性过程，其中要经历两次技术选择和技术进步，并进而引发不同的产业升级类型和方式。为了便于分析，我们在技术选择的基础上引入技术进步，前者是对生产要素组合的选择，其要素偏向性对产业升级的类型和方式均有影响；后者是技术所涵盖的各种形式的知识的增进与积累，是技术选择的结果，其要素偏向性具有不确定性。在产业升级过程中，第一次技术选择发展在产业价值链升级之前，并且由于促发了新的技术

变革，应该定义为长期的技术选择，我们假定第一次技术选择是偏向资本的，为技术变革和产业价值链升级做好准备；第二次技术选择发生在价值链升级和结构升级之间，而成功开启工业化的经济体劳动密集型产业的大发展实际就来源于第二次技术选择的劳动偏向，我们假定第二次技术选择偏向劳动。依靠偏向资本的技术选择推动技术进步和价值链提升，在产业实现价值链升级后，再通过偏向劳动的第二次技术选择，将逐渐成熟的产业推向劳动密集型发展路径。为此，第二次技术选择引发的技术进步通常表现为市场规模扩大或商业模式变革等带来的要素配置效率提升，并且通过要素的替代效应和补偿效应机制，技术进步与产业结构升级互为推动、互相影响。

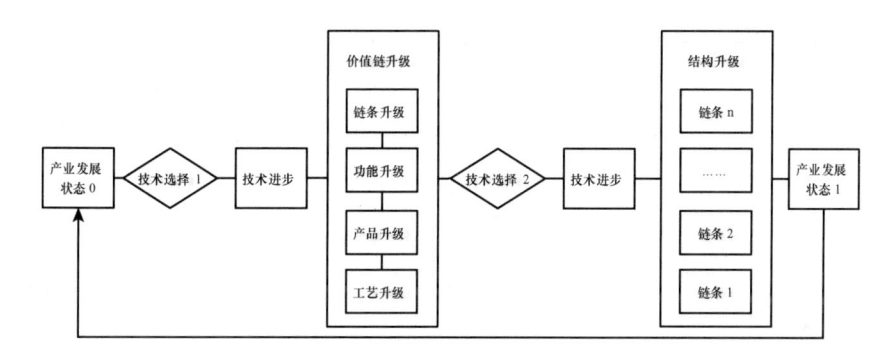

图 2—1 产业升级的线性过程及顺序

技术选择路径偏向劳动引致工业革命成功的机制在于：一方面技术选择偏向劳动有助于提高劳动要素的配置效率和劳动报酬，创造市场需求。技术选择偏向于相对丰富的要素将有利于提高丰裕要素的回报率（李飞跃，2012），劳动密集型产业的发展能够有效提高劳动者收入水平，Ranis（1981）、Pack（1981）等都注意到发展中经济体工业部门技术选择对收入分配的影响。另一方面，偏向劳动的技术选择有利于激发劳动分工、维持劳动要素的质量提升，保持技术进步速度。劳动密集型产业将大量劳动力引入工业化进程，Clark（2007）提出，工厂的工作"是为有纪律、认真、专注的劳动大军设计的。产品流经很多人的手,每一个人都有不经心就会破坏最终产品的大多数价值的能力。每个工人的错误率必须保持很低,以保证这种集体工作程序的成功"。工业生产的专业化训练及对相关服务业的带动将不断提升劳动力素质,深化劳动分工,促进产业链条延伸和技术革新。为此文一(2016)批判了制度经济学家将国家落后归咎于劳动力素质低下和缺乏人力资本,因而应该先花钱办学校的观点,认为这是颠倒了因果关系,这些国家劳动力素质低下,是因为缺乏市场需求为基于劳动分工的企业提供盈利机会,因而缺乏在实践中训练劳动力的"战场"。

劳动密集型产业发展在推动产业结构升级的同时带来了要素禀赋的提升,同时比较优势对区域产业结构升级也有显著的推动作用(彭文平、揭阳扬,2019)。当产业发展与要素禀赋结构达到新的平衡后,新一轮的产业升级要求技术选择再次回到资本偏向推动新的创新,新技术的产生会带动产业进入新价值链提升,或是新技术对劳动密集型产业大规模改造,或是新兴替代产业的形成扩张,进而带来产业结构升级调整。如果第二次技术选择不能实现劳动偏向,对于发达经济体而言,成熟的劳动密集型产业便只能选择向外转移,正如第二次世界大战后美国将纺织业转向日本和德国;日本在20世纪七八十年代经济快速成长后,将纺织服装、电子制造等产业转向"亚洲四小龙"等东亚经济体;进入20世纪90年代,这些劳动密集型产业或生产环节又再次转向中国大陆。劳动密集型产业的转出加快了上述经济体产业技术选择再次转向资本,为新一轮的产业升级奠定了基础;但是全球价值链带来的劳动密集型产业过度退出也带来这些经济体产业发展的一大隐患,即产业发展劳动参与的减少降低了工业化对劳动要素的改造,对要素质量的提升和新技术培育都将产生影响,当增长周期面临结束,在新旧产业轮替的关键时期,产业空心和就业问题交织将更加突显这一问题。

三 发展中区域产业升级的顺序与逻辑

对于发展中区域(经济体)来说,信息不足对产业间升级并不构成严重障碍，因为发展中区域（经济体）可以采取跟随战略，沿着发达经济体的产业升级路线实现产业间的结构升级（林毅夫，2007；张其仔，2008）。张其仔（2008）发现，后进区域（经济体）从 OEA、OEM 到 ODM，再到 OBM，最后到跨产业升级可以不是直线式的，产业内价值链升级进入到一个阶段后可以分岔，在价值链升级还没有完成时便转向产业间升级，产业间升级反过来又带动了产业内升级，如图 2—2 所示。这种产业间优先升级分岔策略，长期以来是支撑中国经济和出口高速增长的重要力量。在技术选择上，发展中区域（经济体）直接进入到偏向劳动的第二次技术选择，用较少的资本实现了较高的工业增速，又在现代工业部门为庞大的农村剩余劳动力创造了大量就业机会，为工业发展奠定了必需的市场基础（文一，2016）；中国总体及地区的研究表明，劳动密集型产业发展对中国劳动要素收入水平提升有促进作用，而资本密集型产业升级不利于劳动要素收入水平的提升（李强，2015）。为此，Hausmann 等（2007）对发展中区域（经济体）产业结构升级优先持赞成态度。

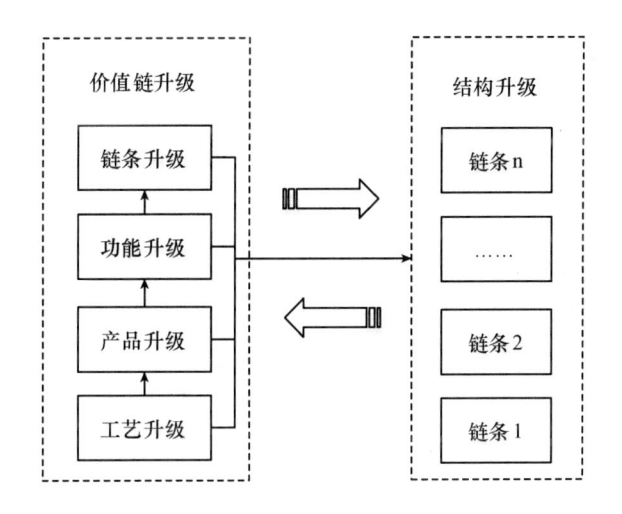

图 2—2　扩展的产业升级分岔及过程

发展中区域（经济体）产业升级进程中，技术效率的增进和技创新的提升离不开物质资本的持续性积累和人力资本的配套互动，价值链升级的基础是要素禀赋结构的改变以及在此基础上适当的产业升级策略，因此在产业升级的进程中需要适时进行技术选择和产业发展类型的转向。文一（2016）提出发展中经济体在劳动密集型产业推动实现稳定的自我反馈的工业体系后，产业持续升级的关键是推动"三位一体"（能源、动力机械、通信和运输等基础设施建设）为先导的产业革命，一些经济体遭遇"中等收入陷阱"的原因就是上述产业发展的缺失。"三位一体"产业的发展实质是为下一轮的产业升级在发展的基础条件上的准备，也是强化技术创新能力的重要条件。毛琦梁和王菲（2019）就坚持认为产业升级的前提是累积生产能力禀赋或要素禀赋结构升级，发展中区域（经济体）应该按照比较优势原则调整产业和产品技术结构。

四　长江经济带产业升级的顺序与逻辑

作为我国经济发展的重点区域，长江经济带横跨东西的地理区位，使得其产业升级的顺序与逻辑成为全国产业升级的缩影。凭借技术的后发优势，我国产业升级开始于结构升级，无论是计划经济时期还是改革开放以后，工业部门的规模扩张带动工业经济在国民经济中的比重大幅提高，实现了经济结构以农业经济为主体向工业和服务业经济为主体的转型升级，长江经济带产业升级与我国总体的产业升级有相同的顺序和逻辑。

新中国成立初，我国产业升级主要表现为传统产业规模扩张和产业内部的价值链跃升，并以工业部门中重化工业的规模扩张为主要表现，工业经济在国民经济中的比重因此迅速提高，劳动力从农业向工业转移，产业结构优化升级。虽然这一时期工业技术选择有资本偏向的重化工产业优先发展的特征，但从整体经济而言新产业部门的设立和发展带动了农业富余劳动力的转出，由于第一产业的劳动生产率大大低于第二、三产业，所以第一产业的劳动力大量转移到第二、三产业显著提高了全社会劳动生产率（方福前、马学俊，2016），产业整体发展仍然倾向于劳动力的高效率使用。20世纪六七十年代，产业升级和就业增长经历了一段时期的停滞，由于工业技术选择的资本偏向，在产业部门新建要素配置到位后，其产业链自行运转中劳动力持续利用是不充分的，加之与当时重化工相适应的产业链条和社会需求不足，带来就业增长在70年代出现萎缩，产业结构升级也难以实现。图2—3就表明70年代较此前的60年代新增就业人数下降了623万人。

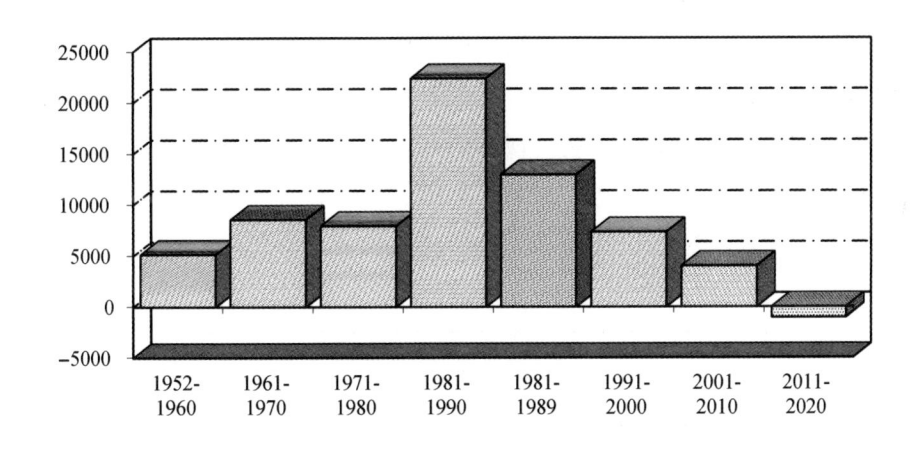

图2—3 我国新增就业人数变动（1952—2020年，单位：万人）[①]

改革开放后，特别是20世纪90年代全球价值链发展起来以后，东部沿海依靠大规模承接"亚洲四小龙"和欧美的产业转移，长江经济带中以长三角地区为代表，大力发展纺织服装等劳动密集型产业，或是参与电子制造等产业链条长、全球垂直一体分工较为完备的产业链条，发展低端的劳动密集型生产环节。如图2—4所示，中国产业结构升级的方式因全球价值链形成在链条复制学习基础上增添了环节复制与学习，使得产业技术选择偏向劳动的进程加速并延长。为此在改革开放后到金融危机之前，我国产业升级仍然是利用技术的后发优势，以工业技术选择的劳动偏向，产业选择从资本密集型的重化工向劳动

[①] 注：图中新增就业为当年就业人员总数与上一年就业人数的差，实为净增就业。

密集型的纺织服装、电子制造等产业转换实现的。只是产业升级同样依靠了工业内部劳动密集型的制造业扩张，工业经济在国民经济总体中比重提升，劳动和其他要素资源向劳动密集型的工业配置带来的产业结构升级。不可否认，这一时期的产业结构的快速提升是以计划经济时期较为完备的工业体系为基础，钢铁、化工、冶金等传统重工业的发展，为中国后续劳动密集型制造业发展奠定了良好的基础，成功实现产业结构从资源密集型→劳动密集型产业为主体的转型升级，产业轻型化步伐加快。同时产业结构密集要素的转换也促使劳动力要素向城市聚集，城市人口的逐年增长为消费品工业需求创造提供了动力，带来城市经济的繁荣和发展。现有研究对我国产业结构升级取得的成就有大量论述（林毅夫等，1994，2012；金碚等，2011；张辉，2012；刘伟、蔡志洲，2018）。

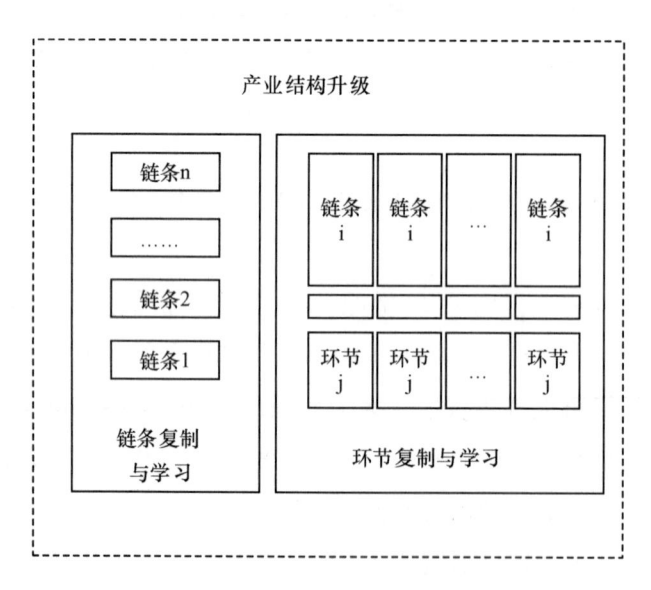

图 2—4　长江经济带及全国产业结构升级的方式

但是以低端产业或是低端生产环节嵌入全球价值链，依靠引进成熟技术和发展国外成熟产业，企业收益来自于开放带来的西方技术引进复制或是简单适应性变革后利用劳动力的成本差异，产业升级则得益于要素资源在产业间更为有效配置，企业依靠复制式的规模扩张和工厂新建获得更大收益，而对于创新技术的需求并不迫切。斯密（1776）曾提出"劳动分工受限于市场规模"，同样在市场规模足够大时，企业追求更加专业分工的动力是不足的。金融危机后，在经历劳动密集型产业大发展后，产业规模收益下降，经济周期和外贸形势更加剧了产业发展的低端化问题。虽然当前对长江经济带产业技术变动的研究尚不充分，但方福前和马学俊（2016）研究发现中国经济自2010年开始的减速主要是"技术性减速"，而非产业结构调整带来的"结构性减速"或"劳动力增长减速"，我国技术引进速度自2008年下降，自主创新速度增长不足以填补其降低是导致我国TFP增长减速的主因。蔡跃洲和付一夫（2017）也认为2005年以后技术效应对中国经济增长支撑作用下降，此后较高的TFP增长率是由要素配置流动的结构效应在维持，而当前结构效应同样面临衰减。近年来，长江经济带产业结构升级已出现明显放缓，2014年其三次产业结构比为6.4∶47.2∶46.4，2018年变动为6.9∶41.3∶51.8，非农产业结构未见提升甚至出现倒退。长江经济带同我国产业一道再次遭遇升级瓶颈，由于技术后发优势减弱，人口结构变化，以技术复制引进成熟产业，依靠规模扩张推动产业结构升级的路径恐难再现，价值链升级成为我国及长江经济带产业升级的必然选择。

第二节　产业升级路径演进的数理模型推演

为了证明上一节内容中两次技术选择要素偏向的假定，说明产业升级，特别是价值链升级中的技术路径方向，我们构建了一个"两要素—两产业"理论框架，并重点分析发展中地区产业技术路径演进。假定区域产业发展中存在劳动密集型的传统产业和资本密集型的现代产业，企业生产遵循如下的柯布—道格拉斯生产函数：

$$y_1^g = f(k_1^g, l_1^g) = a\,(k_1^g)^\alpha\,(l_1^g)^{1-\alpha} \tag{2.1}$$

$$y_1^h = f(k_1^h, l_1^h) = a\,(k_1^h)^\alpha\,(l_1^h)^{1-\alpha} \tag{2.2}$$

$$y_2^g = f(k_2^g, l_2^g) = b\,(k_2^g)^\beta\,(l_2^g)^{1-\beta} \tag{2.3}$$

$$y_2^h = f(k_2^h, l_2^h) = b\,(k_2^h)^\beta\,(l_2^h)^{1-\beta} \tag{2.4}$$

其中，y_1 和 y_2、k_1 和 k_2、l_1 和 l_2 分别表示劳动密集型和资本密集型产业企业的产出、资本投入、劳动投入变量；a 和 b 表示技术进步，技术进步率为外生给定的大于 0 的常数；g 和 h 表征发展中区域 G 和发达区域 H；α 和 β 为两种产业资本要素的产出弹性，$0 < \alpha < \beta < 1$。由于短期中区域发展会面临资本存量的约束，资本要素 K 不变，劳动要素 L 可变，由要素禀赋条件决定的要素价格存在关系：

$$\begin{cases} w^g < w^h \\ r^g > r^h \end{cases} \tag{2.5}$$

式中 r、w 为大于 0 的实数。

一 传统产业分析

下面我们以传统劳动密集型产业为例，对两个区域企业生产的不同技术选择进行分析。由生产技术决定的两区域企业的成本函数为：

$$tc_1^g = r^g k_1^g + w^g l_1^g \tag{2.6}$$

$$tc_1^h = r^h k_1^h + w^h l_1^h \tag{2.7}$$

假定市场产品价格为 p_1，那么利润函数为：

$$\pi_1^g = p_1 y_1^g - r^g k_1^g - w^g l_1^g \tag{2.8}$$

$$\pi_1^h = p_1 y_1^h - r^h k_1^h - w^h l_1^h \tag{2.9}$$

利润最大化的一阶条件:

$$\frac{\partial \pi_1^g}{\partial k_1} = p_1 \frac{\partial y_1^g}{\partial k_1^g} - r^g = 0 \qquad (2.10)$$

$$\frac{\partial \pi_1^g}{\partial l_1} = p_1 \frac{\partial y_1^g}{\partial l_1^g} - w^g = 0 \qquad (2.11)$$

由上式可知,利润最大化企业应该使两种投入的边际技术替代率等于两种投入要素的价格之比。由式(2.10)和式(2.11)可得:

$$\frac{k_1^g}{l_1^g} = \frac{\alpha}{1-\alpha} \times \frac{w^g}{r^g} \qquad (2.12)$$

同样可以得到:

$$\frac{k_1^h}{l_1^h} = \frac{\alpha}{1-\alpha} \times \frac{w^h}{r^h} \qquad (2.13)$$

可见,利润最大化企业的技术选择是使得两种投入的数量与其相对价格成反比。

那么,对于劳动密集型产业:

$$tc_1 = \frac{1}{1-\alpha} w l_1 \qquad (2.14)$$

联合式(2.12)和式(2.5)得到:

$$\frac{k_1^g}{l_1^g} < \frac{k_1^h}{l_1^h} \qquad (2.15)$$

同样：

$$\frac{k_2^g}{l_2^g} < \frac{k_2^h}{l_2^h} \tag{2.16}$$

那么，在产量一定，设为 y_0 的情况下，$\left(\frac{k_1^g}{l_1^g}\right)^\alpha l_1^g = \left(\frac{k_1^h}{l_1^h}\right)^\alpha l_1^h$，则有：

$$\frac{l_1^h}{l_1^g} = \left(\frac{k_1^g/l_1^g}{k_1^h/l_1^h}\right)^\alpha < 1 \tag{2.17}$$

但是由于劳动密集型产业的生产特性，要求生产技术的要素投入比达到一定条件，假定为 $t_1^* = \frac{k_1^*}{l_1^*}$，令 $\frac{k_1^*}{l_1^*} = \frac{k_1^g}{l_1^g} < \frac{k_1^h}{l_1^h}$，短期中企业资本投入在 k_1^* 时，则要求 $l_1^g = l_1^h = l_1^*$。因此，代入成本函数式（2.14）可得：

$$tc_1^g = \frac{1}{1-\alpha} w^g l_1^* \tag{2.18}$$

$$tc_1^h = \frac{1}{1-\alpha} w^h l_1^* \tag{2.19}$$

易得 $tc_1^g < tc_1^h$，也就是相同产量下，$\pi_1^g > \pi_1^h$。那么对于传统的劳动密集型产业，产量一定时，区域 H 中的企业受限于要素比价和产业特性，短期中相同资本投入下需要在劳动投入上较最优水平有更高投入，因此区域 G 中的企业比区域 H 中的企业有更低的生产成本和更高的利润水平。对于现代资本密集型产业，在产量一定时，短期中则有 $tc_2^g > tc_2^h$，$\pi_2^g < \pi_2^h$。因此，发展中区域市场化的传统企业将倾向于劳动密集偏向的技术选择。

二 区域禀赋提升及产业技术选择

长期中区域投入要素不受约束,要素比价可变,企业成本曲线为短期成本曲线的包络线,$\min ltc_1^g = r_1^g k_1^g + w_1^g l_1^g$。因为 Z 为发展中区域 G 中的典型生产企业,对于区域 G 而言,其资本存量通常会较区域 H 有较快增长,则 $w^g/r^g \to w^h/r^h$,因此长期生产成本将会因要素禀赋结构的改变随劳动资本要素比价的上升在传统劳动密集型产业上的优势会有所下降。容易得到:

$$\frac{\alpha/(1-\alpha)}{\beta/(1-\beta)} = \frac{K_1^g/L_1^g}{K_2^g/L_2^g} \qquad (2.20)$$

其中 $K_i^g = \sum_{j=1}^{n} k_{ij}^g$,$L_i^g = \sum_{j=1}^{n} l_{ij}^g$,$i = 1,2$。

可见,产业的生产属性(要素产出弹性)受到投入要素组合变化的影响。区域 G 中劳动密集型传统产业的升级意味着其资本产出弹性 α 的提高,此时要求其劳均资本 K_1^g/L_1^g 不断向现代产业的 K_2^g/L_2^g 靠近,也就意味着要素禀赋结构改变下要素比价的变化;或者随着资本密集型的现代产业走向成熟,其资本要素产出弹性 β 下降,此时 K_2^g/L_2^g 会向传统产业的 K_1^g/L_1^g 靠近;如果劳动密集型的传统产业不断升级,而资本密集型的现代产业停滞不前时,区域产业升级将遭遇瓶颈。同时,产业生产属性变动实际是产业价值链升级,产业价值链升级通常是伴随要素禀赋提升,在原有产业结构升级出现瓶颈时,而作为新一轮产业升级的主要表现。

三 产业价值链升级的技术选择

关于产业价值链升级与技术选择的关系,我们参考李强(2017)的研究,以价值增值能力定义价值链升级,假定生产遵循垂直一体化的价值链分工形式，忽略产业类型，$z \in [0,1]$ 代表从研发到销售的一系列生产工序，生产工序分散于不同的经济体，按照价值增值的占比份额由低到高进行排列，z 值越大，表明生产的价值链越高端，反之越低端。根据姚洋和张晔（2008）的研究，劳动生产率是显示产品技术含量的最好指标，且较高的劳动生产率对应较高的工资。那么区域 G 和区域 H 在生产工序上存在如下关系，如果 $c(z)$ 为 z 工序单位产品生产需要的劳动，则 $c(z_h)/c(z_g)$ 单调递减。我们假定生产工序 z 以劳动报酬的形式体现在生产技术的成本函数中，TC 为 z 的函数 $TC(z)$。表征技术的成本函数为：

$$TC_g(z_g) = r_g K_g + w_g L_g + q_g z_g L_g \quad (2.21)$$

$$TC_h(z_h) = r_h K_h + w_g L_h + q_h z_h L_h \quad (2.22)$$

其中 q 代表体现在产业价值链中的劳动报酬，$q > 0$。以发展中区域为例，需要解决如下利润最大化问题：

$$\max \pi_g = P_g Y_g - TC_g(z_g) = P_g A_g K_g^\alpha L_g^{1-\alpha} - r_g K_g - w_g L_g - q_g z_g L_g \quad (2.23)$$

利润最大化的一阶条件为：

$$\frac{\partial \pi_g}{\partial K_g} = \alpha P_g A_g K_g^{\alpha-1} L_g^{1-\alpha} - r_g = 0 \quad (2.24)$$

$$\frac{\partial \pi_g}{\partial L_g} = (1-\alpha) P_g A_g K_g^\alpha L_g^{-\alpha} - w_g - q_g z_g = 0 \quad (2.25)$$

可以得到：

$$z_g = q_g^{-1}\left[(1-\alpha)r_g \cdot \frac{K_g}{L_g} - \alpha w_g\right] \qquad (2.26)$$

同样：

$$z_h = q_h^{-1}\left[(1-\alpha)r_h \cdot \frac{K_h}{L_h} - \alpha w_h\right] \qquad (2.27)$$

可见，产业价值链分工地位与生产要素组合存在函数关系。无论是经济发达区域还是发展中区域，产业价值链水平与劳均资本有正向变动关系，产业价值链水平的提升要求技术选择向资本深化的方向发展，也就是产业价值链升级意味着产业技术选择资本偏向度的提高。因此，在产业升级的线性路径中，作为新一轮产业升级的起点，第一次技术选择为资本偏向；作为产业走向成熟，以规模化发展推动产业结构升级的关键，第二次技术选择为劳动偏向。

第三节　全球价值链视角下产业升级的困境

中国在参与全球价值链垂直一体化的分工生产中，遵循着全球价值链框架下劳动充裕的静态比较优势，大力发展低技术的劳动密集型产业或劳动密集型生产环节，产业升级面临诸多困境，如收益分配不对称带来的资本积累不足、技术发展路径依赖和高端技术封锁带来的技术停滞以及产业片段化发展引起的结构偏离恶化等问题使得技术选择要从劳动偏向转向持续的资本偏向并不容易。

一　收益分配不对称

全球价值链形成后，生产链条不断拉长，中间品贸易飞速发展，但生产的分散化并没有伴随收益的分散化，Gereffi（1999）将全球价值链发展归结为生产者驱动和购买者驱动两种模式，对应于两种驱动模式处于全球价值链高端的国家会通过控制核心技术或关键环节维持高收益，例如 Intel 依靠对中央存储器的技术优势获得垄断收益，而阿迪达斯、沃尔玛则通过强大的品牌和覆盖全球的销售服务体系维持垄断收益。

全球价值链中收益分配通常受进入壁垒、治理和系统效率等因素影响（Kaplinsky，2000），而价值链治理有决定性的作用。Gereffi 等（2005）按全球价值链主体间控制力的不对称程度将全球价值链分为层级式、俘获式、关系式、模块式和市场式五种治理模式，其中后三种模式企业间能力互补，不存在谁控制谁的问题，企业升级不受限制，分配格局也较为平等，但发展中经济体最常见的并非上述三种，而是层级和俘获式模式。Humphrey 和 Schmitz（2002）认为在这种准科层制的治理结构下，全球价值链中的领导企业会将发展中经济体的产业升级限定在生产领域，难以进入附加值更高的环节，即工艺和产品升级较易实现，而发展中大国所需要的大规模功能升级和链条升级则十分困难，由此形成价值链锁定（Lock-in），劳动收益难以提升。Cramer（1999）、Kaplinsky 等（2002）也从发展中经济体产业升级实践印证了上述观点。同时知识资本与全球价值链中的参与和价值分配有正相关关系，特别是培训和组织资本对价值分配有最大的积极影响（Cecilia et al.，2019），高收入发达经济体通过前向参与促进高技能劳动力配置效率提升，中低收入经济体则不存在高技能劳动力配置效应（郑玉、姜青克，2019）。

中国在嵌入全球价值链后成为世界工厂和全球最大的货物贸易国，但卓越和张珉（2008）认为中国纺织服装业遭遇了"悲惨增长"；Yan Zhou 等（2019）对中国与欧盟的全球价值链地位研究表明，中国对欧盟成员国间的贸易顺差与工业竞争力实际被高估了；潘秋晨（2019）研究发现，作为"工业之母"装备制造业技术水平越高越依赖于中间品效应；戴翔（2015）基于贸易附加值对 1995—2011 年中国制造业显示性比较优势指数的测算表明，中国在全球产业链布局中，比较优势仍集中在劳动密集型产业领域，资本以及知识和技术密集型领域均未取得显著比较优势，虽然资本密集型领域比较优势正在形成，但知识和技术密集型领域比较劣势特别显著且无明显改善趋势。

二 技术选择的自主性受限

技术选择如果依据市场决定的要素比价，价值链主导企业的知识技术等溢出效应为涉链企业提供了一条快速升级产品和工艺的轨道（于明超、陈柳，2011；牛建国、张小筠，2019），但是与之伴随的是现有全球价值链框架下市场规则、主导企业竞争优势的不断强化和维持，发展中经济体技术选择会因路径依赖和自主创新不足缺乏自主选择能力。面对新一轮的技术和产业革命，传统"雁阵理论"所预言的后发国家产业赶超路径可能被封堵，不利于发展中经济体的"中心—外围"世界分工体系可能被进一步固化（黄群慧、贺俊，2013）。依靠外部引进的技术发展路径将受阻于发达经济体的技术封锁，并且当前的技术封锁已经从企业层面上升至国家层面，中美贸易冲突就充满了技术冲突的特征[①]。

嵌入全球价值链发展低端的劳动密集型加工环节存在一定的"干中学"阻止效应，Gereffi 等（2011）认为每一类技能水平大致可以与价值链的一个阶段相对应。在凭借比较优势嵌入全球价值链的过程中，中国始终以"接包者"的身份嵌入全球生产体系，成为全球价值链中为他人控制的某一"链节"，长时间进行着代工、装配等低端生产活动（陈超凡、王赟，2015；李宇轩，2019），抑制了"干中学"基础上的创新活动。对于本土企业而言，基于全球价值链理论的传统升级路径无法推动分工深化和分工广化，因此也难以实现技术跃升和市场拓展的良性互动（王昌盛等，2014）。为此，发展中经济体产业升级必须具有战略意识和大力投资，发挥创新体系作用（Humphrey &

---

① 卞永祖：《中美贸易冲突的根源是什么》，http://www.sohu.com/a/315595300_100122958，2019年5月22日。

Schmitz，2002）。

三 产业发展片段化

全球价值链带动世界产业分工突破了产业的界限，进入到垂直专业化的产业内和产品内分工时代（Hummels et al.，2001；卢锋，2004；孙文远，2006；许南、李建军，2012）。世界产业转移也从产业链条整体转移演变成了生产环节和工序的分散转移，发展中经济体对全球价值链的融入呈现"片段化"的特征（张辉，2004）。中国作为20世纪90年代后产业转移的最大承接者，接收了大量的加工组装环节和廉价劳动工序。这种"两头在外"的水平型承接，将价值链高端的现代生产者服务业、知识技术密集产业留在外部，国内企业间的生产联系非常有限，产业赖以生存和发展的国内产业关联和循环体系发生"断点"和"裂缝"（刘志彪、张杰，2009），国内企业与企业之间、产业与产业之间、区域与区域之间经济联系不够紧密。

为此，全球价值链强调静态比较优势下持续偏向劳动的技术选择，并以价值链前沿经济体产业发展水平为标尺的产业线性升级思路，其现实指导性并不理想，1960—2009年仅约1/3的低收入国家达到了中等或中等以上收入水平，许多国家陷入了中等收入陷阱，达到高收入水平的国家是西欧的一些国家、日本、"亚洲四小龙"、拉丁美洲的巴巴多斯以及特立尼达和多巴哥。[①] 中国产业发展的产业同构、产能过剩、创新不足、产业结构偏离难以化解、区域经济失衡等问题其实都根源于此。一则由于产业发展被锁定在低收益环节，产业进入门槛低，各地在资本积累完成后，都能够进行发展，而当后发区域追赶上先发地区，先发地区又未能及时升级产业，便出现各地区产业的同质化现象，即产业同构。地区产业同构演变到宏观就是产能过剩，而当前中国的产能过剩基本集中在传统行业的低端环节。二则由于核心技术、关键环节等限制，国内企业难以突破收益限制，偏离原有的技术发展

---

① 林毅夫：《新结构经济学》，北京大学出版社2012年版，第2—3页。

路径，无法进行技术发展的自主选择，导致创新困难。三则由于产业承接的零散导致产业片段化发展，产业关联性和链条的完整性不足，在化解固有的产业结构偏离问题上难有突破。地区之间又以东部沿海大量承接国际代工为主，要素的"虹吸效应"压制了产业水平更低的中西部（张少军、刘志彪，2009，2013；韩艳红、宋波，2012；王海杰、吴颖，2014；崔向阳等，2018），使得相对落后地区被再次锁定在国内价值链的低端环节，形成"双重锁定"（袁嘉琪等，2019）。

第四节 国家价值链视角下产业升级模型构建

全球价值链开启了产业升级研究的价值链思路，但沿全球价值链的线性升级思路发展中经济体技术选择劳动偏向的路径将不断强化，产业升级难以实现。针对全球价值链下技术选择劳动偏向带来的价值链低端锁定、技术选择的自主性受限、产业发展片段化问题，本书提出国家价值链框架下的产业升级思路，其目的是打破现有全球价值链中以技术为代表的升级约束，实现价值链高端跨越。国家价值链突出产业发展的价值增值能力、产业整合能力和产业影响力，价值增值能力的增强旨在打破全球价值链中的低端锁定，获取更高的产业附加值；产业整合能力旨在以化解产业片段化发展问题为突破，增强产业间的关联性，并为自主创新和新产业的培育奠定基础，以突破产业技术选择自主性受限的困境，实现功能升级；产业影响力是针对大型经济体产业规模和参与全球价值链在产业关联上对全球和相关国家、地区产业发展的影响，虽然核心技术在沿全球价值链升级路径中扮演着极为重要的作用，但是在全球价值链不断深化的背景下，产业影响力在世界各国和地区产业竞争中也是不可忽视的一大因素。

一 模型假定

为了简化分析，我们假定一个 $G(s, k = 1, 2, \cdots G)$ 经济体—N

($i,j = 1,2,\cdots N$)行业的经济系统,虽然长江经济带只是一个经济区域并非经济体,但是为了从国家价值链视角对其产业升级展开分析,我们以国家间投入产出模型(Inter-Country Input-Output Model,ICIO)为基础构建产业升级模型,模型中经济体更换为区域即为区域间投入产出模型(Inter-Regional Input-Output Model,IRIO),二者在投入产出模型分析中并未有大的差异,只是在具体的投入产出表编制上有一定差异,如我国 IRIO 当前并未显示出口中间投入,研究中我们据此调整即可。为此,模型分析中我们统一采用经济体进行分析,假定这一经济系统的投入产出关系表示为:

$$\begin{bmatrix} X_1 \\ X_2 \\ \vdots \\ X_G \end{bmatrix} = \begin{bmatrix} A_{11} & A_{12} & \cdots & A_{1G} \\ A_{21} & A_{22} & \cdots & A_{2G} \\ \vdots & \vdots & \ddots & \vdots \\ A_{G1} & A_{G2} & \cdots & A_{GG} \end{bmatrix} \begin{bmatrix} X_1 \\ X_2 \\ \vdots \\ X_G \end{bmatrix} + \begin{bmatrix} Y_{11} + Y_{12} + \cdots Y_{1G} \\ Y_{21} + Y_{22} + \cdots Y_{2G} \\ \vdots \\ Y_{G1} + Y_{G2} + \cdots Y_{GG} \end{bmatrix} \quad (2.28)$$

变换可得:

$$\begin{bmatrix} X_1 \\ X_2 \\ \vdots \\ X_G \end{bmatrix} = \begin{bmatrix} 1-A_{11} & -A_{12} & \cdots & -A_{1G} \\ -A_{21} & 1-A_{22} & \cdots & -A_{2G} \\ \vdots & \vdots & \ddots & \vdots \\ -A_{G1} & -A_{G2} & \cdots & 1-A_{GG} \end{bmatrix}^{-1} \begin{bmatrix} \sum_s^G Y_{1s} \\ \sum_s^G Y_{2s} \\ \vdots \\ \sum_s^G Y_{Gs} \end{bmatrix}$$

$$= \begin{bmatrix} B_{11} & B_{12} & \cdots & B_{1G} \\ B_{21} & B_{22} & \cdots & B_{2G} \\ \vdots & \vdots & \ddots & \vdots \\ B_{G1} & B_{G2} & \cdots & B_{GG} \end{bmatrix} \begin{bmatrix} Y_1 \\ Y_2 \\ \vdots \\ Y_G \end{bmatrix} \quad (2.29)$$

$$\begin{bmatrix} X_{11} & X_{12} & \cdots & X_{1G} \\ X_{21} & X_{22} & \cdots & X_{2G} \\ \vdots & \vdots & \ddots & \vdots \\ X_{G1} & X_{G2} & \cdots & X_{GG} \end{bmatrix} = \begin{bmatrix} B_{11} & B_{12} & \cdots & B_{1G} \\ B_{21} & B_{22} & \cdots & B_{2G} \\ \vdots & \vdots & \ddots & \vdots \\ B_{G1} & B_{G2} & \cdots & B_{GG} \end{bmatrix} \begin{bmatrix} Y_{11} & Y_{12} & \cdots & Y_{1G} \\ Y_{21} & Y_{22} & \cdots & Y_{2G} \\ \vdots & \vdots & \ddots & \vdots \\ Y_{G1} & Y_{G2} & \cdots & Y_{GG} \end{bmatrix}$$

(2.30)

其中 X_s、Y_s 分别表示经济体 s 的 $N \times 1$ 阶总需求向量和最终需求向量，X_{sk}、Y_{sk} 为经济体 k 对经济体 s 的 $N \times 1$ 阶总需求和最终需求向量。$A_{sk}(= x_{sk}/X_k)$ 为 $N \times N$ 阶直接消耗系数矩阵，其元素等于经济体 k 中间投入中来自于经济体 s 的部分（x_{sk}）占经济体 k 总需求 X_k（=总产出）的比重，$B_{sk} = (I - A_{sk})^{-1}$ 为 $N \times N$ 阶 Leontief 逆矩阵（即完全消耗系数矩阵）。

基于以上认识，我们以国家间投入产出模型（ICIO）为基础，分别从增加值、中间品和投入产出价值链关联角度对国家价值链产业价值增值能力、产业整合能力、产业影响力进行分析，产业价值增值能力从横向的经济体产出使用角度出发，主要进行增加值分析；产业价值整合能力从纵向的经济体生产投入角度出发，主要进行中间品分析，构建经济体的生产一体化指数（Integrated Production Ratio, IPP）；产业影响力主要从价值链关联角度，考察经济体产业融入全球价值链及对其他经济体或区域的影响程度。

二 模型设定与方法

（一）产出使用视角下产业价值增值能力测算

全球价值链革命造成中间品贸易在国际贸易中的迅猛增长，使传统的贸易总量统计严重误导对世界贸易格局的理解（王直等，2015）。基于此对中国产业价值增值能力的总体测算，我们用单位总产出的增加值份额，即增加值率 V 表示。经济体 s 增加值率满足 $V_s =$

$u(I - \sum_{k}^{G} A_{ks})$,$u$ 是元素为 1 的行向量,即特定经济体增加值率等于 1 减去所有经济体的中间投入份额(含自身中间投入)。从产出使用角度看,特定经济体产出不是在国内就是在国外①,其内外市场产出消耗所包含的增加值反映其产业不同的内外价值获取能力,分别用内部增加值率 VD(= 国内增加值/国内总产出)和出口增加值率 VE(= 出口增加值/出口总产出)表示;从生产投入角度看,内部增加值率 VD 和进口增加值率 VI(= 进口增加值/进口总产出)又代表了不同经济体在特定经济体内的价值获取能力。测算经济体上述指标的关键是对经济体总产出和增加值内外份额进行分解,我们参考 Koopman 等(2012,2014)的 KPWW 方法分离出所需的进、出口增加值和对应的进、出口总产出。

根据 Leontief(1936)方法,经济体生产 1 单位产品,其国内投入的生产要素(劳动力、资本)创造了第一轮增加值,称为直接国内增加值;在这 1 单位产品中,还需使用中间品投入,生产这些中间品投入的国内要素创造第二轮增加值,为间接国内增加值;此外,中间品生产中使用的其他经济体中间品,则可能包含了国外增加值。因此,1 单位产品的国内增加值总额,等于这 1 单位产品国内生产所创造的直接增加值和所有间接增加值之和,表示为 $V + VA + VA^2 + \cdots = V(I - A)^{-1} = VB$,$V$ 为增加值率,$B = (I - A)^{-1}$ 为 Leontief 逆矩阵,VB 又称总增加值系数矩阵。

则在 G 经济体—N 行业框架下,矩阵 VB 中的元素满足 $\sum_{k}^{G} V_s B_{sk} = u$。因为一国特定行业的所有增加值要么产生于国内、要么产生于国外,二者相加等于 1。同样,从使用去向看,经济体 s 的总产出要么被本国使用,要么被外国使用,使用部分可分为中间产品或最终产品,可表示为:

---

① 文中所称国和国家是为便于表达或相关文献表述一致,未特殊说明均代表地区和经济体。

第二章 国家价值链视角下产业升级分析的理论框架 / 51

$$X_s = X_{ss} + \sum_{k \neq s}^{G} X_{sk}$$

$$= (A_{ss}X_s + Y_{ss}) + \sum_{k \neq s}^{G}(A_{sk}X_k + Y_{sk}) \quad s,k = 1,2,\cdots G \quad (2.31)$$

出口即为：$E_s = \sum_{k \neq s}^{G}(A_{sk}X_k + Y_{sk})$ \hspace{2em} (2.32)

在开放的多国模型中，令 $\hat{V}$ 为增加值率沿对角线分布构成的矩阵，结合式（2.30）得到最终需求表示的增加值分解矩阵：

$$\hat{V}BY = \begin{bmatrix} \hat{V}_1 & 0 & \cdots & 0 \\ 0 & \hat{V}_2 & \cdots & 0 \\ \vdots & \vdots & \ddots & \vdots \\ 0 & 0 & \cdots & \hat{V}_G \end{bmatrix} \begin{bmatrix} B_{11} & B_{12} & \cdots & B_{1G} \\ B_{21} & B_{22} & \cdots & B_{2G} \\ \vdots & \vdots & \ddots & \vdots \\ B_{G1} & B_{G2} & \cdots & B_{GG} \end{bmatrix} \begin{bmatrix} Y_{11} & Y_{12} & \cdots & Y_{1G} \\ Y_{21} & Y_{22} & \cdots & Y_{2G} \\ \vdots & \vdots & \ddots & \vdots \\ Y_{G1} & Y_{G2} & \cdots & Y_{GG} \end{bmatrix}$$

$$= \begin{bmatrix} \hat{V}_1 \sum_{G} B_{1k}Y_{k1} & \hat{V}_1 \sum_{k}^{G} B_{1k}Y_{k2} & \cdots & \hat{V}_1 \sum_{k}^{G} B_{1k}Y_{kG} \\ \hat{V}_2 \sum_{k}^{G} B_{1k}Y_{k1} & \hat{V}_2 \sum_{k}^{G} B_{2k}Y_{k2} & \cdots & \hat{V}_2 \sum_{k}^{G} B_{2k}Y_{kG} \\ \vdots & \vdots & \ddots & \vdots \\ \hat{V}_G \sum_{k}^{G} B_{1k}Y_{kG} & \hat{V}_G \sum_{k}^{G} B_{2k}Y_{kG} & \cdots & \hat{V}_G \sum_{k}^{G} B_{Gk}Y_{kG} \end{bmatrix} \quad (2.33)$$

以特定经济体为基准，分解矩阵 VBY 中的行元素是基于供给视角或后向关联的分解，描述其增加值使用去向，即最终为自身和下游经济体所吸收；列元素基于需求视角或前向关联分解，描述其增加值产生来源，即来自自身和上游经济体的增加值。对角线上的元素则表示其增加值中为自身最终吸收的部分，出口增加值即为矩阵 VBY 非对角线上的元素。则经济体 s 向经济体 k 的出口增加值为 $VT_{sk} = V_sX_{sk} = V_s$

$\sum\limits_{g}^{G} B_{sg} Y_{gk}$，经济体 s 向世界的出口增加值为 $VT_s = V_s \sum\limits_{k \neq s}^{G} \sum\limits_{g=1}^{G} B_{sg} Y_{gk}$，根据增加值的吸收地和吸收方式不同，可进一步分解获得总出口分解式：

$$uE_s = (V_s \sum_{k \neq s}^{G} B_{ss} Y_{sk} + V_s \sum_{k \neq s}^{G} B_{sk} Y_{kk} + V_s \sum_{k \neq s}^{G} \sum_{g \neq s,k}^{G} B_{sk} Y_{kg}) +$$

$$[V_s \sum_{k \neq s}^{G} B_{sk} Y_{ks} + V_s \sum_{k \neq s}^{G} B_{sk} Y_{ks} (I - A_{ss})^{-1} Y_{ss}] + V_s \sum_{k \neq s}^{G} B_{sk} A_{ks} (I - A_{ss})^{-1} E_s$$

$$+ [\sum_{g \neq s}^{G} \sum_{k \neq s}^{G} V_g B_{gs} Y_{sk} + \sum_{g \neq s}^{G} \sum_{k \neq s}^{G} V_g B_{gs} A_{sk} (I - A_{kk})^{-1} Y_{kk}]$$

$$+ \sum_{g \neq s}^{G} V_g B_{gs} A_{sk} \sum_{k \neq s}^{G} (I - A_{kk})^{-1} E_k \qquad (2.34)$$

式（2.34）将一国出口分为九项，第一个括号中的前三项即为出口增加值，其中第一、二项为"直接出口的增加值"，分别表示以最终品和中间品形式出口被其他经济体吸收的部分，第三项为"间接出口的增加值"，是以中间品形式出口到第三国，经第三国加工后以最终品出口到他国被吸收的部分。第二个括号中的第四、五项，表示增加值中以中间品形式出口，在经过进口国加工后分别以中间品和最终品形式进口返回本国并被吸收的部分；第三个括号中的第七、八项，是包含在一国出口的他国增加值，即以最终品和中间品进口的来源国增加值，该部分在官方统计中属重复计算部分。第六项、第九项是纯粹的双重统计项，不属于任何国家的增加值。至此，我们所需要的出口增加值即为式（2.34）中前三项的加总。因为，从投入产出表列的角度总投入（=总产出）可表示为 $X = AX + VT$，从投入产出表行的角度总产出可表示为 $X = AX + Y$。按价值去向并根据产业间前向联系，所有增加值都完整地对应于某一经济体、某一部门的最终品。基于此，根据中间品使用的分解，我们可以将总产出完全分解为不同来源增加值和最终吸收地的不同部分，由此可计算获得相应增加值率指标。同时，在 Koopman 等的研究框架下，假定了特定经济体单个行业的内外生产技术相同，即内外增加值率一致，则一国内外部增加值率的不同即是因内外产品使用结构的不同导致。

（二）投入需求视角下产业价值整合能力测算

产业价值整合能力我们从中间品角度，主要对生产投入视角下特定经济体产业独立性和系统性进行考察，用生产一体化指数（Integrated Production Ratio, IPP）表示。从投入产出表行的角度，总产出 $X_s = (A_{ss}X_s + Y_{ss}) + \sum_{k \neq s}^{G}(A_{sk}X_k + Y_{sk})$；从投入产出表列的角度总投入（=总产出）$X_s = A_{ss}X_s + \sum_{k \neq s}^{G} A_{ks}X_s + VA_s$。基于此，生产一体化指数 IPP 定义为经济体国内（区域域内）中间品投入 $A_{ss}X_s$ 用于国内（域内）使用部分 $\left(\dfrac{X_{ss}}{X_{ss}}, \text{其中} X_{ss} = A_{ss}X_s + Y_{ss}\right)$ 占国内（域内）总产出 X_{ss} 的比重。依据 Hummels 等（2001）测算各国生产非一体化程度的"垂直专业化"比率（Vertical Specialization Ratio, VSS）的 HIY 法，IPP 具体测算为：

生产一体化数量：$IP_s^i = \dfrac{A_{ss}^{\cdot i} X_s^i}{X_s^i} \cdot X_{ss}^i$ （2.35）

其中 X_s^i 为行业 i 的总产出，$A_{ss}^{\cdot i} X_s^i$ 为行业 i 的国内（域内）中间投入，$X_{ss}^i \left(= \sum_{j=1}^{n} A_{ss}^{ij} X_s^j + Y_{ss}^i\right)$ 为行业 i 的国内（域内）使用，包括国内（域内）中间品使用和最终消费。则行业 i 的生产一体化比重为：

$$IPP_s^i = \dfrac{IP_s^i}{X_{ss}^i} = \dfrac{A_{ss}^{\cdot i} X_{ss}^i}{X_{ss}^i} = A_{ss}^{\cdot i}$$ （2.36）

在此基础上，各行业整体的生产一体化比重为：

$$IPP_s = \dfrac{IP_s}{X_{ss}} = \dfrac{\sum_{i=1}^{n} IP_s^i}{\sum_{i=1}^{n} X_{ss}^i} = \dfrac{1}{X_{ss}} \sum_{i=1}^{n}\left[\left(\dfrac{A_{ss}^{\cdot i} X_s^i}{X_s^i}\right) \cdot X_{ss}^i\right] = \dfrac{1}{X_{ss}} \sum_{i=1}^{n}\left[\dfrac{X_{ss}^i}{X_s^i} \sum_{j=1}^{n}(A_{ss}^{ij} X_s^j)\right]$$

$$= \frac{1}{X_{ss}} \sum_{i=1}^{n} \sum_{j=1}^{n} \left[\frac{X_{ss}^{i}}{X_{s}^{i}} (A_{ss}^{ji} X_{s}^{i}) \right] \qquad (2.37)$$

其中 $A_{ss}^{ji} X_{s}^{i}$ 为行业 j 提供给行业 i 的国内（域内）中间品数量。令 a_{ij} 表示行业 j 生产一单位产品，需要行业 i 提供的国内（域内）中间品数量。则（2.37）式改写为：

$$IPP = \frac{1}{X_{ss}} (1,1,\cdots,1) \begin{pmatrix} a_{11} & \cdots & a_{1n} \\ \vdots & \ddots & \vdots \\ a_{n1} & \cdots & a_{nn} \end{pmatrix} \begin{pmatrix} X_{ss}^{1} \\ \vdots \\ X_{ss}^{n} \end{pmatrix} = \frac{1}{X_{ss}} \mu A^{D} (X_{ss})^{V}$$

(2.38)

对于经济体而言，如果考虑到产品生产的阶段性，使用国内中间品的某行业最终产品可能作为另一行业的中间品，为了将这些间接投入包含在内，进一步将（2.38）式改写为完全系数矩阵形式：

$$IPP = \frac{1}{X_{ss}} \mu A^{D} (I - A^{I})^{-1} (X_{ss})^{V} \qquad (2.39)$$

其中，u 是元素为 1 的 $1 \times N$ 阶行向量；A^{D} 是 $N \times N$ 阶国内中间品的依存系数矩阵，即内供系数矩阵；I 为单位阵，A^{I} 为 $N \times N$ 阶进口系数矩阵，即进口中间品占总产出的比重，$(I - A^{I})^{-1}$ 为里昂惕夫逆矩阵；$A^{I} + A^{D} = A$，即直接投入系数矩阵。$(X_{ss})^{V}$ 为 $N \times 1$ 阶内部使用向量。

（三）基于价值链关联的产业影响力测算

特定经济体产业对全球或其他经济体（域内其他区域）产业发展的影响力，我们从投入—产出价值链关联角度，主要为供给或后向关联角度的测算。Miller 和 Temurshoev（2015）、Hagemejer 和 Ghodsi

(2016) 以距离全球最终需求（或最终使用）和全球初始投入供给的长度确定特定经济体产业在全球价值链的上下游位置。我们以该类指标为基础，但主要基于中国国家价值链。因该类指标不仅显示了特定经济体价值链在全球经济中的位置特征，还因其基于中间品比重，更能反映上下游基础上其他经济体对其产业的依赖程度，或该经济体对全球和其他经济体产业发展的影响力。Antràs 等（2012）从投入产出表的行角度，总产出可表示为：$X = Y + Z = Y + AY + A^2Y + \cdots = (I - A)^{-1}Y$；从列角度，总投入（= 总产出）可表示为：$X = V + VC + VC^2 + \cdots = V(I - C)^{-1}$，其中 $(I - A)^{-1}$ 为莱昂惕夫逆矩阵，矩阵 A 中元素 $a_{ij}^{sk} = \dfrac{x_{ij}^{sk}}{X_j^{sk}}$ 为投入系数或消耗系数；$(I - C)^{-1}$ 为 Ghosh 逆矩阵（Ghosh，1958），矩阵 C 中元素 $c_{ij}^{sk} = \dfrac{x_{ij}^{sk}}{X_i^{sk}}$ 为产出系数。根据 Miller 和 Temurshoev（2015），特定经济体行业 i 的价值链位置指标为：基于产出的产业上游度指数，$U_i = (1 \times Y_i + 2 \times Y_j A + 3 \times Y_j A^2 + \cdots)/X_i = (I - A)^{-2}Y/X_i$，数值越大表明特定经济体行业 i 离最终品的距离越远，当该经济体行业 i 总产出全部用于最终品，而不是中间产品时，该指数等于 1；基于投入的产业下游度指数，$D_i = (1 \times V_i + 2 \times V_j C + 3 \times V_j C^2 + \cdots)/X_i = V(I - C)^{-2}/X_i$，同样数值越大表明特定经济体行业 i 离初始投入的距离越远，当该经济体行业 i 总产出全部用于初始投入，而不是中间投入时，该指数等于 1。以经济体 s 行业 i 产出（= 投入）占世界（经济体）行业 i 总产出（= 总投入）的比重加权后得到两组经济体 s 行业 i 的产业价值链影响力指标。

经济体 s 行业 i 基于产出的产业影响力指数：

$$IU_i^s = g \cdot u_i^s \cdot \dfrac{X_i^s}{\sum\limits_s^g X_i^s} \tag{2.40}$$

经济体 s 行业 i 基于投入的产业影响力指数：

$$ID_i^s = g \cdot d_i^s \cdot \frac{X_i^s}{\sum\limits_{s}^{g} X_i^s} \qquad (2.41)$$

同样，以经济体 s 行业 i 产出（=投入）占世界经济总产出（=总投入）比重加权后得到两组经济体 s 的产业价值链影响力指标。

基于产出的产业影响力指数：

$$IU^s = g \cdot \sum\limits_{i}^{n} u_i^s \left(\frac{X_i^s}{\sum\limits_{s}^{g} \sum\limits_{i}^{n} X_i^s} \right) \qquad (2.42)$$

基于投入的产业影响力指数：

$$ID^s = g \cdot \sum\limits_{i}^{n} d_i^s \left(\frac{X_i^s}{\sum\limits_{s}^{g} \sum\limits_{i}^{n} X_i^s} \right) \qquad (2.43)$$

可见，当经济体 s 行业 i 产出占世界行业 i 总产出比重为均值 $\frac{1}{g}$ 时，IU_i^s 等于 u_i^s，ID_i^s 等于 d_i^s；当经济体 s 产出占世界总产出比重为均值 $\frac{1}{g}$ 时，IU^s、ID^s 等于经济体 s 行业 i 产出占该经济体总产出比重对 u_i^s、d_i^s 的加权平均。那么特定经济体 IU^s 的大小取决于两方面，各行业总产出（=总投入）中不同类型中间品（相对于最终品）份额，不同行业总产出占世界总产出比重，也就是说特定经济体单个行业的 U_i 越高，U_i 高的行业越多，占世界经济的比重越大，则 IU^s 越大，该经济体产业对其他经济体或全球经济的影响力就越大；反之亦然。同样，ID^s 的大小取决于各行业总投入（=总产出）中不同类型中间投入（相对于初始投入或直接增加值）份额，不同行业总投入占世界总投入比重，则特定经济体单个行业 D_i 越高，D_i 高的行业越多，占世界经济的比重越大，则 ID^s 越大，该经济体产业对其他经济体或全球经济的影响力就越大；反之亦然。IU^s 和 ID^s 相互印证，分别从产出和投入两个角度表现特定经济体产业的影响力变化。

第五节　本章小结

本章重点从产业技术路径选择的转变分析了产业升级路径演进的经验和规律。优先发展劳动密集型制造业是成功工业化经济体工业化进程开启的普遍经验。一方面技术选择偏向劳动有助于提高劳动要素的配置效率和劳动报酬，创造市场需求；另一方面，偏向劳动的技术选择有利于激发劳动分工、维持劳动要素的质量提升，保持技术进步速度。对于发达经济体而言，在劳动密集型产业发展成熟后，必须依靠技术创新带动产业进入新一轮的价值链升级，而发展中经济体则可以采取跟随战略，沿着发达经济体的产业技术路径实现产业结构优先升级。长江经济带产业升级，便是凭借技术的后发优势，开始于结构升级。在全球价值链形成以后，产业结构升级的方式便增添了产业环节的复制学习，这一改变加速并延长了产业劳动密集度的提升和维持，也加剧了产业价值链升级的困境和紧迫程度。数量模型推演结果显示，产业价值链升级需要在技术路径的选择上从劳动偏向向资本深化的方向转变。但在现有全球价值链框架下，发展中区域以低技术劳动密集型产业或劳动密集型生产环节发展，形成以规模扩张为主要路径的产业发展方式，长江经济带产业发展因此也面临收益分配不对称、技术发展路径依赖、技术停滞以及产业片段化发展等问题，使得技术路径选择要从劳动偏向转向持续的资本偏向并不容易。为此，迫切需要通过构建国家价值链，推动现有全球价值链的重构，突破现有产业升级障碍，实现产业升级。在以上研究的基础上，本章构建了基于价值增值能力、产业整合能力和产业影响力三个方面的国家价值链视角下产业升级分析模型，为后续长江经济带的产业升级研究搭建了理论框架。

第二篇

历史与经验

第 三 章

世界主要流域经济带产业升级与协同发展的历史经验

全球长度超过1000千米的天然大河有74条，丰富的水资源和漫长的岸线资源是沿河国家和地区经济社会发展的天然禀赋优势，也是流域经济先于和优于其他区域经济发展的重要因素，流域经济带在发展中逐渐成为世界各国经济和产业发展的重心和主轴。但是并非大江大河都能形成经济带，如世界第一长河尼罗河、世界第一径流量亚马孙河，前者由于大部分处于干旱区，后者主要流经地广人稀的热带雨林，都缺乏产业沿江发展的自然条件，没有形成经济带（黄勤，2015）。真正将产业和城镇密集带在流域沿线布局形成带状经济的，有欧洲莱茵河经济带、美国密西西比河经济带、美国田纳西河经济带、俄罗斯伏尔加河经济带等，尤其又以欧洲莱茵河经济带、美国密西西比河经济带为代表，上述经济带在推动沿线各国工业化进程加速、促进经济布局调整优化和产业国际竞争力提升等方面发挥了举足轻重的作用，其发展经验值得我国在推进长江经济带建设中加以吸收和借鉴。

第一节　欧洲莱茵河经济带产业升级
与协同发展历程

一　莱茵河经济带概况

莱茵河发源于瑞士境内的阿尔卑斯山北麓，流经瑞士、列支敦士登、奥地利、德国、法国和荷兰等6国，在荷兰鹿特丹港附近注入北海。莱茵河全长1360千米，流域面积超过25.2万平方千米①，4种不同语言的民族约5400万人口聚居于此，其中约2000万人以莱茵河作为水源。

莱茵河经济带以人口密集、经济发达、产业和城市化水平高而闻名。流域中下游地区地势平坦，是欧洲重要的工业中心。在河口段荷兰境内，有全球第四大、欧洲第一大海港鹿特丹港，以鹿特丹、阿姆斯特丹、海牙和马德勒支四个中心城市为依托，形成了包括90多个中小城市和乡镇的"城市圈"。莱茵河流经德国境内865千米，是其河流全长的65.53%，并有美茵河、内卡河、摩泽尔河和鲁尔河等众多支流汇入，流域面积占德国总面积的70%，沿岸的工业产值占德国经济总量的50%左右。② 有"德国工业心脏"的鲁尔经济区，以及"莱茵—美因"经济区、"莱茵—内卡"经济区等，在莱茵河中下游逐渐发展，沿河流联结形成产业带，隔北海同英国以伦敦为中心的英格兰经济区相望。

二　莱茵河经济带形成与产业协同发展的主要阶段

莱茵河经济带形成和流域协同发展始于18世纪末19世纪初，并

---

① 也有研究显示全长1232千米，流域面积超过22万平方千米（刘世庆等，2019）。
② 叶振宇、汪芳：《德国莱茵河经济带的发展经验与启示》，《中国国情国力》2016年第6期。

以流域洪灾防控和基础设施建设作为开端。莱茵河流域一直深受洪水灾害威胁，1882—1883年、1982年、1988年、1993年和1995年发生了流域性大洪水。18世纪中后期开始，各国便为防治洪涝灾害侵袭，开始重视河道整治，通过建堤筑坝、开挖运河、疏浚河道等工程措施对河道进行治理。

基础设施的完善为流域航运、水电产业和区域经济协同发展奠定了基础。1815年，维也纳会议上各国在开放国际河流上达成一致，制定了《河流自由航行规则》，1868年《莱茵河航行公约》（《曼海姆公约》）规定莱茵河对一切国家开放付诸实现，促使莱茵河成为真正的国际河流。为了更好地利用莱茵河优势，推进自身产业发展，融入周边及世界经济，流域各国大力修建和改善码头、公路和铁路等基础设施，莱茵河逐渐发展成为一条重要的国际航运水道，通航里程约869千米。随着各国经济交流的加深和工业化进程的推进，莱茵河流域航运业快速发展，带动莱茵河经济带逐渐形成和发展。目前7000吨级海轮可从荷兰鹿特丹港上溯至德国科隆港，5000吨级的船舶可直达法国的斯特拉斯堡，而1500吨级的船舶可以直达上游瑞士的巴塞尔，莱茵河年船舶总吨位已超过1500万吨，货运量在3亿吨。同时莱茵河通过运河连接各支流，与欧洲塞纳河、多瑙河等重要水域相连，形成"江海直达"的航运网。

航运业发展和流域经济带的活跃突显出电力等基础产业发展的重要性，也带动了流域水资源的利用，产业的协同联动对于流域各国也显得更加重要。20世纪七八十年代以来，莱茵河干流上兴建了几十座水电站，总装机容量超过了200万千瓦，成为莱茵河经济带能源供给的重要组成部分。作为流域协同发展的重要方面之一，各国通过签订双边或多边水电建设协议或协定，联合开发水能资源和合理分配电能使用。[1]

---

[1] 相关数据摘自刘世庆等《中国流域经济与政区经济协同发展研究》，人民出版社2019年版，第454页。

三　莱茵河经济带产业升级与协同发展的主要方向

（一）以流域禀赋优势发展特色优势产业

20世纪以来，沿莱茵河流域各国以自身禀赋优势为基础，与流域各国加强合作，逐渐形成了六大特色产业基地：巴塞尔—米卢斯—弗莱堡工业区，主要以金属加工、化工、食品及纺织业为主；斯特拉斯堡工业区，主要进行食品、造纸、纺织和金属加工；莱茵—内卡工业区，以化工产业为主；莱茵—美茵河谷，著名的葡萄酒产区；科隆—鲁尔工业区，是重要的石油化工产业、石油精炼、金属加工、汽车制造以及技术服务和商业中心；鹿特丹—欧洲港区，以石油精炼、造船、化工、金属加工闻名，服务业发达。

（二）以规模化和集聚化助推产业发展

产业基地发展成熟逐渐产生扩散效应，促使以各产业基地为核心沿莱茵河流域逐渐形成了规模化的化工、钢铁冶金机械制造、休闲旅游、金融服务等产业集聚带。化工产业带包括荷兰以鹿特丹为中心，沿莱茵河河口段绵延50千米，形成的"莱茵梦地"石化产业带；德国以三大化工巨头——拜耳、巴斯夫、赫希斯特公司为骨干，形成沿河化工产业带；瑞士桑多兹公司大本营所在地巴塞尔的化工区，都是重要的国际石化和化工生产基地。钢铁冶金机器制造产业带以"欧洲工业心脏"鲁尔工业区为核心，联邦德国92个钢铁工厂有60个集中在莱茵河沿岸[①]；欧洲最大的公共交通车辆制造基地曼海姆也在莱茵河畔。休闲旅游产业带从"德国之角"科布伦茨向西到马克思故居特利尔的摩泽尔河景区带，德国、瑞士和奥地利三国接壤的博登湖，以及与之相连的瑞士沙夫豪森莱茵瀑布，既是莱茵河源的蓄水池和周边地区的饮用水源，更因阿尔卑斯山终年皑皑雪峰映影的538平方千米

[①] 许洁：《国外流域开发模式与江苏沿江开发战略（模式）研究》，东南大学学位论文，2009年。

的湖面，成为不可多得的休闲旅游度假胜地。金融服务产业带以莱茵河支流美因河畔的法兰克福为中心，集中了欧洲中央银行、德国联邦银行和三大银行总部，世界各国的大银行也都在此开设分行或办事机构，是欧洲重要的金融中心和航空枢纽。荷兰鹿特丹作为国际货物集散中心，还是国际粮、棉、木材、热带水果和矿物油等大宗商品交易中心，服务业占就业的70%以上。此外，阿姆斯特丹也是荷兰的金融交易中心；法国斯特拉斯堡是欧洲议会所在地。

（三）将技术进步作为产业升级的基本动力

在交通、电力等基础产业获得发展后，随着科技的发展，莱茵河经济带将技术进步作为推动产业收缩、改造和提升传统产业及新产业发展的基本动力。当前基于新兴5G、物联网等信息化新技术促进产业变革的可能，2013年在德国汉诺威工业博览会上德国较早地提出了工业4.0（Industry 4.0）计划，即工业发展面临从"蒸汽化→电气化→信息化→智能化"的升级需要，随后由德国政府列入《德国2020高技术战略》十大未来项目之一。德国工业4.0计划提出的目的虽然是为了在新一轮科技和工业革命中提升德国本国产业竞争力，但在计划推出后工业4.0的发展方向获得了欧洲国家的普遍共识，瑞士、法国等莱茵河流域国家都先后推出了自身的工业4.0计划，如法国政府于2013年9月推出了《新工业法国》战略，在客观上促进了莱茵河经济带整体的科技发展以及在此基础上的产业变革。

（四）在环境治理领域持续加强合作

第二次世界大战期间，莱茵河流域生态破坏严重，约50%森林被毁，水土流失，河道淤积。战后随着欧洲人口增长和经济恢复，工业化、城市化加速，莱茵河水质破坏严重，水中有害物质高达1000种以上。至20世纪70年代，莱茵河污染已成灾难状态，莱茵河也一度被称为"欧洲下水道""欧洲公厕"。为解决这一问题，瑞士、法国、卢森堡、德国和荷兰五国1950年联合成立了保护莱茵河国际委员会（ICPR），并于1963年签订了《莱茵河保护公约》。虽然流域各国明确以委员会作为协作机构，但由于《莱茵河保护公约》没有设置各国控制污染的具体义务，成效并不明显。1986 年，瑞士发生莱茵河恶性污染事件后，流域内各国开始着手开展莱茵河综合治理，采取了一系列积极措施防止水质恶化。2001 年各国又联合发布"莱茵河 2020 计划"，明确了实施莱茵河生态总体规划，随后还制订了生境斑块连通计划、莱茵河洄游鱼类总体规划、土壤沉积物管理计划、微型污染物战略等具体行动计划，将莱茵河环境治理从迫在眉睫的挑战转向更高质量的环境创建和生态系统服务功能开发。

作为一条国际河流，莱茵河流域各国间的合作是流域治理成功的重要保障。ICPR 作为其协同发展的核心机制，在 70 年的发展中，由最初的协调有限到有效发挥作用，其具有的多层次、多元化合作机制，既有政府间的协调与合作，又有政府与非政府的合作，以及专家学者与专业团队的合作；不仅设有政府组织和非政府组织参加的监督各国计划实施的观察员小组，还设有许多技术和专业协调工作组，将治理、环保、防洪和发展融为一体，已经成为当前全球流域治理领域多国间高效合作的典范。

第二节　美国密西西比河经济带产业升级与协同发展历程

一　密西西比河经济带概况

密西西比河是北美大陆最长的河流，发源于美国明尼苏达州的艾塔斯卡湖，由北向南流经美国中部大陆、墨西哥湾海岸平原以及路易斯安那州，最后汇入墨西哥湾，在河流中游有密苏里河、俄亥俄河两条主要支流汇入。密西西比河全长 6262 千米，其中干流长 3950 千米，流域涵盖美国 31 个州和加拿大两个省，面积 322 万平方千米，占美国本土 48 个州面积的 41%，北美面积的八分之一。在世界大江大河中，密西西比河长度位列第四，流域面积第五，平均流量第八。2017 年，密西西比河流域 GDP 占全美的 27.5%，人口占全美总人口的 29.4%[①]。其中干流两岸为密西西比河走廊，分布着 125 个县及教区，总人口达 1200 万人。[②] 美国水陆运输中，内河航运占 77%，其中密西西比河航运占 60%，每年运输量稳定在 4.7 亿—5 亿吨。[③]

密西西比河下游的密河三角洲气候温和、雨量充沛、土地肥沃，是美国主要产棉区和水稻、大豆、甘蔗的高产区。河口港新奥尔良是世界亿吨大港之一，从新奥尔良到巴吞鲁日 30 多千米范围内，沿河建有 122 家工厂，形成一条工业走廊，使密河三角洲成为工农业生产发达、商业外贸繁荣的富庶经济区。

二　密西西比河经济带形成与产业协同发展的主要阶段

密西西比河经济带形成与产业协同发展以农业、航运和能源产业的发展为开端。密西西比河流域得天独厚的农业资源使之成为美国乃至世界的主要农产区，美国 92% 的谷物产地分布在密西西比河流域。流域北部靠近五大湖区是美国乳酪业最发达的区域，中游是美国最大的玉米产区，下游及三角洲地区是棉花和水稻主要产区。美国成为当今世界最主要的小麦、玉米、大豆等农作物和肉、奶等畜产品的生产国主要归功于密西西比河流域的农业产业发展。

密西西比河先天航运条件并不好，干流上游水深仅 0.3 米，中游仅 1.4 米左右，主要支流密苏里河有"大泥河"之称，支流俄亥俄河一些河段有"河宽 1 英里，水深 1 英尺"之说。1928 年，美国联邦政府启动了"密西西比河及其支流工程计划"，开展大规模综合治理与开发建设，总投资超过 300 亿美元，使密西西比河上游及其四大主要支流全部实现渠道化，下游浚深航道建成干支流标准统一的深水航道网，干支流水深 2.7—3.7 米的航道达到 9180 千米，3.7—4.3 米的航

---

① 张万益等：《美国密西西比河流域治理的若干启示》，《中国矿业报》2018 年 7 月 3 日，https：//www.cgs.gov.cn/ddztt/jqthd/ddy/jyxc/201807/t20180703_462743.html。
② 刘劲、谢涛：《沿河产业发展与水运通道关系研究》，《甘肃科技》2012 年第 28 期。
③ 刘有明：《流域经济区产业发展模式比较研究》，《学术研究》2011 年第 3 期。

道达到 1370 千米，4.3 米以上的航道达到 500 千米，海轮可直航到河口近 400 公里的航线。[①] 经过 100 年左右大规模的全水系整治和全面开发，不仅基本上消除了洪涝灾害，而且建起了干支畅通、江河湖海相连、标准统一的现代化航道网，在北方经伊利诺伊—芝加哥通密执安湖，再经圣劳伦斯海轮运河出海，或从伊利湖经伊利运河由纽约出海；在南方可直入墨西哥湾，还能与长 1883 千米的墨西哥湾沿海运河沟通。密西西比河航运网对美国工业布局及城镇体系的发展起了重大作用，在密西西比河干支形成了"钢铁走廊""化工走廊"等沿河产业密集带，下游有"工业走廊"之称，支流俄亥俄河上游有"钢铁走廊"之称。

航运基础设施的完善极大地推动了密西西比河流域能源产业的发展。水能资源开发利用使整个流域水电装机容量达 1950 万千瓦，密西西比河流域水能资源利用程度达 70%，支流田纳西河达 87%。密西西比河流域阿巴拉契亚区煤炭地质储量丰富，自 20 世纪 60 年代以来，已形成铁路运煤能力每年 2 亿吨以上、内河运煤每年 1 亿吨以上，密西西比河、俄亥俄河、田纳西河成为煤炭运输重要通道。中上游的肯塔基、伊利诺伊等州高品位的铁矿石资源，造就了以匹兹堡为代表的一批钢铁工业城市；因储量巨大的石油资源使路易斯安那州成为美国三大石油产地之一。便利的水运交通、廉价的能源资源、丰富的矿产资源推动密西西比河流域经济带逐渐形成和发展。

三　密西西比河经济带产业升级与协同发展的重要方向

（一）重视综合交通基础设施建设

运河建设对密西西比河流域综合航运网络的形成有重要作用。伊利诺斯运河沟通了密西西比河与五大湖两大内河水系；田纳西—汤姆别卡运河开辟了密西西比河水系通往墨西哥湾的航道，促使密西西比

[①] 刘有明：《流域经济区产业发展模式比较研究》，《学术研究》2011 年第 3 期。

河流域形成江河湖海联通、四通八达的水运网,大大提高了流域综合运输能力。

加之美国历来重视铁路建设,东西有从纽约到洛杉矶的两洋铁路(大西洋到太平洋铁路),南北有从芝加哥到新奥尔良的铁路,一纵一横交汇点在圣路易斯,而密苏里河与密西西比河交汇点就是圣路易斯。地理上位于美国中心的圣路易斯,成为美国铁路与航运中心。此时密西西比河流域,由于航运、铁路网络发达,分布有明尼阿波利斯、圣路易斯、孟菲斯、新奥尔良等城镇群,加之当时内河运输费用与铁路、公路运费之比大约为1:4:30,并且密西西比河平均货运密度超过铁路系统10倍[1],使流域沿岸城市成为物流中心和商品集散地,圣路易斯成为美国最大和最繁忙的内河港口,新奥尔良成为美国第二大国际港口。随着流域基础设施的不断改善和复合交通方式的持续发展,密西西比河流域的物流、旅游业也逐渐繁荣起来,带动了整体产业的升级和进步。

(二)推动先进制造产业发展壮大

在密西西比河流域200多年的开发建设中,各地发挥区域优势,密西西比河流域逐渐成为美国食品、钢铁、电力、机械、汽车等先进制造工业的聚集带,并形成沿岸10个州各具区域特色的产业集聚区。密西西比河以西东至大西洋沿岸,南起俄亥俄与波托马克河,北至密执安湖、伊利湖和安大略湖岸以南以及新英格兰南部的这一东西狭长地带,被称为美国的制造业带,是美国工业化率先地带和整个国土开发由北向南、由东向西推进的基地。与此同时,流域内明尼阿波利斯是世界上最大的现金谷物交易市场,堪萨斯城是世界上最大的谷物和商品贸易市场之一,为制造业的发展提供了良好的市场交易环境。

---

[1] 刘有明:《流域经济区产业发展模式比较研究》,《学术研究》2011年第3期。

(三) 以城市带带动产业带发展

密西西比河纵贯美国南北，东西联通则依靠铁路、航空、高速公路实现，水铁空路立体交通带动流域生产要素聚集形成增长极——城市，密西西比河流域成为发达的"点—轴"经济带和城市密集带。据统计，目前美国人口超过10万的150座城市中，有131座位于大江大河边，其中大部分分布在密西西比河流域。制造业带同时也是城市密集带，如俄亥俄沿河城市带，其沿岸城市匹兹堡，公元1800年只是一个有1500多人的小镇，随着流域矿产资源开发和制造业的发展，到19世纪20年代已发展成为美国造船中心，现已成为美国的"钢都"和第二大机电工业中心。密西西比河干流上，新奥尔良已发展成美国第二大港口城市，圣路易斯不仅是美国最大的内河港口，其汽车制造业也仅次于底特律居美国第二位。

(四) 流域协同的综合整治开发

早在1879年，美国国会就成立了密西西比河委员会，主要职能是研究密西西比河的开发治理规划，制定河道整治和防洪措施并组织实施航道标准化和桥梁净空标准化等。20世纪30年代，美国颁布了《水土保持法》和《水灾控制法》等流域环境保护法律规范，对密西西比河经济带的发展起到了重要影响。比如，密西西比河的支流之一、美国第八大河田纳西河，曾以水灾频发而闻名，是美国当时最贫穷的地区之一。为改变这一状况，1933年美国颁布了《田纳西流域管理法》，设立了田纳西河流域管理局。作为联邦一级机构，田纳西河流域管理局依法享有对田纳西流域自然资源统一开发和管理的权力，不仅承担了流域自然资源保护和灾害防治的职能，还拥有流域综合开发、带动地区发展和繁荣的职能。为此，田纳西管理局除对流域防洪、航运、发电、水质等实施统一管理外，还从事经营活动，通过发电盈利，并建有美国最大的肥料研究中心，设立流域开发贷款基金等。流域协同的综合治理开发使田纳西河流域环境整治成效显著，田纳西州也摆脱了落后的面貌，成为美国南方工业大州。

第三节 本章小结

通过上述对欧洲莱茵河经济带与美国密西西比河经济带形成发展历程的分析，我们可以从中获得关于长江经济带建设的几点经验启示：

第一，以航道建设和航运、水电能源产业发展作为经济带产业发展的开端。流域沿线各地的交流沟通通常是以防洪防灾为起点，但经济带的形成普遍是以航道建设基础上的航运产业和水电能源产业发展为开端。欧洲各国政府在莱茵河流域开发的过程中始终把航运作为首要目标，加强内河航运标准化体系建设、综合交通基础设施建设；美国密西西比河流域的开发也同样是以航运、水电能源产业发展为开端。长江经济带建设的首要即是航道的高水平建设，大力发展航运产业和对水资源的合理开发利用。

第二，综合交通基础设施建设在经济带发展中发挥了积极作用。虽然航道建设在早期发挥了积极作用，但经济带产业链的拓展和密切，却是以后续综合交通基础设施建设完善为基础。密西西比河经济带丰富的农业、矿产、水能资源的高效利用，就是依靠了运河沟通水路，以及水路与铁路、公路、航空等综合交通运输方式的充分结合，使经济带产业在起步之后加速发展。长江经济带的建设除了加强水利基础设施建设，高铁、高速公路、航空、管道等综合交通基础设施建设同样需要及早规划布局。

第三，科技创新在产业升级与流域经济带协同发展中发挥了动力支撑作用。莱茵河经济带产业升级和协同发展就始终依靠了紧跟世界科技与产业步伐，以科技作为经济带产业升级和协同发展动力。但密西西比河经济带之于美国较之莱茵河经济带之于欧洲，或是长江经济带之于中国，其产业地位明显不及，其中重要的原因就在于，美国科技研发最为发达的区域主要位于东北部的五大湖沿岸经济带，而并非密西西比河经济带。尽管如此，五大湖沿岸经济带以金融、地产为两大支柱产业，其科技创新并非与实体产业隔绝产生，仍然依赖了与密西西比河沿岸经济带制造业发展的密切联系，1825年伊利诺斯运河对纽约经济腾飞的作用便是证据之一。长江经济带较密西西比河的优势在于下游长三角、中游武汉、上游成渝都分布有较多高水平的高校和科研机构，在推动产业升级的科技创新能力上具备基础。

第四，城镇群的协同发展在区域产业升级中发挥了积极作用。莱茵河经济带和密西西比河经济带的发展都遵循了"点—轴"发展模式，莱茵河作为国际河流，流域各国从分割走向在环境、基础设施建设、产业发展上的协同是莱茵河经济带形成发展的重要转折；密西西比河经济带为美国的内陆河流经济带，与我国长江经济带类似，其支流与流域各州的协同发展有美国国会和联邦政府参与的统一协调，也有各地方政府自身的协作与沟通，中心城市和城镇群在产业分工上的协同发展和生态环境的共同治理也极大地推动了密西西比河经济带产业的持续发展。

第四章

长江经济带产业升级与协同发展的历史进程

长江是世界第三大河、我国第一大河。自唐朝（公元618—907年）以后，长江流域就是中国的"基本经济区"[1]，其经济发展也一直在我国处于领先地位，可以说中国经济重心由黄河中游向长江流域的南进是一种发达的现象[2]。以长江流域为基础，《国务院关于依托黄金水道推动长江经济带发展的指导意见》将长江经济带范围划定为上海、江苏、浙江、安徽、江西、湖北、湖南、重庆、四川、云南、贵州等11个省市，横跨我国东中西三大区域，面积约205.23万平方千米，占我国国土面积的21.4%。长江经济带建设作为新时期国家重大区域发展战略之一，其发展从构想到实施，经历了40年左右的探索与实践，本章从政策演变、阶段性特征以及基础条件回顾总结长江经济带产业升级与协同发展的历史进程，认识当前长江经济带产业升级和协同发展的问题及原因，发现长江经济带产业升级与协同发展的有利因素，更好地从国家价值链视角对长江经济带产业升级与协同发展展开分析。

---

[1] 冀朝鼎（1936）将其定义为：农业生产条件与运输设施，对于提供贡纳谷物，比其他地区优越得多，以致不管哪一集团，控制了这一地区就可能征服与统一全中国。载冀朝鼎《中国历史上的基本经济区》，商务印书馆2014年版（2016年重印），第11、104页。

[2] 冀朝鼎：《中国历史上的基本经济区》，商务印书馆2014年版（2016年重印），第10页。

第一节 长江经济带产业升级与协同发展的政策演变

长江经济带产业升级与协同发展的历程同时也是长江经济带发展战略的演变历程，长江经济带产业升级与协同发展的政策演变可以通过长江经济带发展战略的演变历程进行观察。长江经济带发展成为国家发展战略，历经了较长时期的思想酝酿和实施历程。早在20世纪初，孙中山先生在《实业计划》[①] 一书中就从振兴实业的战略高度，阐述了长江流域经济开发的重要性。新中国成立后，长江流域的水利、防洪防灾、交通运输发展得到了党中央的高度重视，但经济开发并未作为关注要点，产业升级和区域协同发展也未获得发展政策的重点关注。改革开放后，长江经济带战略构想在国家相关智库学者的倡导下提出，长江流域产业布局成为当时讨论的热点；20世纪90年代以后，长江经济带发展正式纳入国家战略实践；2012年，党的十八大以后长江经济带发展战略进入全面推进阶段。本节主要对改革开放后长江经济带产业升级与协同发展的政策演变进行梳理，跟随长江经济带发展战略变化历程，其政策演变大致经历了理论探讨阶段（1978—1991年）、重点城市带动阶段（1992—2011年）和跨区域协同推进阶段（2012年至今）。

一 理论探讨阶段（1978—1991年）

改革开放初，国务院发展研究中心经济学家马洪提出我国国土空间"一线一轴"战略构想，即"沿海一线"和"长江发展轴"。有学者提出（孙尚清，1994）提出了"建设长江产业密集带"的构想，即以长江沿岸经济发达的上海、武汉、重庆等大城市为中心，通过工业

[①] 1918年该书部分内容发表，1920年全书英文本出版，1921年全书中文本出版。

走廊、产业圈、农业专业化地带、旅游区和高新技术产业密集区等辐射联通各自腹地,形成产业地域综合体。① 与马洪"一线一轴"战略构想类似,中国科学院院士陆大道(1984)提出国土空间"T型"发展战略格局,认为到 20 世纪末与 21 世纪初我国应重点发展海岸地带轴与长江沿岸轴两条一级轴线。陆大道倡导的沿海沿江 T 型开发格局主张得到国家计划委员会(2003 年更名为国家发展和改革委员会)的重视,在 1990 年编制的《全国国土总体规划纲要》中采纳了这一观点。现实来看,20 世纪 80 年代至 90 年代初的长江沿线轴的发展总体上以自我发展为主,在发展政策的制定和实施上仍然处于理论探讨阶段。

二 重点城市带动阶段(1992—2011 年)

20 世纪 90 年代初,随着上海浦东新区和三峡工程规划建设的推进,长江沿线经济的发展开始纳入国家发展战略视野。1992 年,邓小平同志在南方谈话中谈道:"回过头看,我的一个大失误就是搞四个经济特区时没有加上上海。要不然,现在长江三角洲,整个长江流域,乃至全国改革开放的局面,都会不一样。"② 当年 6 月,国务院召开长江三角洲及长江沿江地区经济发展规划座谈会,首次提出了"长江三角洲及长江沿江地区经济"的政策思路,这是长江经济带发展第一次上升至国家战略,但是由于沿海开放战略率先启动,这一次并未实质启动长江流域的整体开发。在此期间,重要的事件如表 4—1 所示。

这一时期发展政策的重点是针对当时的浦东开放开发和三峡工程建设,强调扩大上海对流域经济的辐射带动作用和依托沿江中心城市进行流域开发。党的十四大和 1995 年党的十四届五中全会都明确要建设"以上海为龙头的长江三角洲及沿江地区经济带"。1996 年"九五

---

① 长江综合开发利用考察组:《长江综合开发利用考察报告》,《中国社会科学》1985 年第 1 期。

② 夏永祥:《以长江经济带建设促进东中西部地区协调发展》,《区域经济评论》2014 年第 4 期。

计划"再次做出部署,"依托沿江大中城市,逐步形成一条贯穿东西、连接南北的综合经济带"。但直到2000年左右,由于长江沿线各地区行政体制和交通基础设施滞后等限制,长江流域自西向东的不平衡发展问题仍然十分突出,龙头和中心城市带动区域发展的效果不尽理想。

表4—1　长江经济带建设重要事件梳理(重点城市带动阶段)

时间	标志性事件	内容	长江经济带[①]地域范围
1992年6月	国务院召开长江三角洲及长江沿江地区经济发展规划座谈会	首次提出发展"长江三角洲及长江沿江地区经济"战略构想	7省1市:江苏、浙江、安徽、江西、湖北、湖南、四川、上海
1992年10月	党的十四大	提出"以上海浦东开发开放为龙头,进一步开放长江沿岸城市,尽快把上海建成国际经济、金融、贸易中心之一,带动长江三角洲和整个长江流域地区经济的新飞跃"	
1995年	党的十四届五中全会	提出建设"以上海为龙头的长江三角洲及沿江地区经济带"	
1996年	《国民经济和社会发展"九五"计划和二〇一〇年远景目标纲要》	要求长江三角洲及沿江地区"以浦东开放开发、三峡建设为契机,依托沿江大中城市,逐步形成一条横贯东西、连接南北的综合型经济带"	
2010年	《全国主体功能区规划——构建高效、协调、可持续的国土空间开发格局》	从国家国土空间开发的"顶层设计"层面部署了长江流域的开发政策	

资料来源:根据党的历次代表大会及相关规划和公开资料整理。

2010年,国务院颁布实施《全国主体功能区规划——构建高效、

[①] 此处长江经济带为吴传清(2015)"长江三角洲和沿江地区"的概念。

协调、可持续的国土空间开发格局》，从国家国土空间开发"顶层设计"的层面强调了长江流域在国土空间开发中的重要地位，沿长江通道成为国家"两横（陆桥通道①、沿长江通道）三纵（沿海、京哈、京广、包昆通道）"城市化战略格局的重要组成部分，并对长江沿线国土空间开发进行了政策部署，长江三角洲地区成为全国三大优化开发区域之一，长江沿线的江淮、长江中游（含武汉城市圈、环长株潭城镇群、鄱阳湖生态经济区）、成渝、黔中、滇中等被列入全国18个重点开发区。

三 跨区域协同推进阶段（2012年至今）

2012年党的十八大以后，长江经济带正式定位为国家重点发展战略区域，并再一次上升至国家发展战略高度，长江经济带发展政策从重点城市带动进入跨区域协同推进阶段，表4—2梳理了此期间的重要事件。2013年7月，习近平总书记视察湖北时指出，长江流域要加强合作，发挥内河航运作用，努力把全流域打造成黄金水道。同年9月，李克强总理在国家发改委呈报件上批示：沿海、沿江先行开发，再向内陆地区梯度推进，这是区域经济发展的重要规律。请有关方面抓紧落实，深入调研形成指导意见，依托长江这条横贯东西的黄金水道，带动中上游腹地发展，促进中西部地区有序承接沿海产业转移，打造中国经济新的支撑带。② 随后国家发改委会同交通部研究起草《关于依托长江建设中国经济新支撑带指导意见》，影响较大的是当年12月长江经济带地域范围扩展为目前的云南、贵州、四川、重庆、湖北、湖南、安徽、江西、江苏、浙江、上海9省2市。2014年《政府工作报告》正式提出，依托黄金水道，建设长江经济带；随后的中央政治局会议上，提出要推动京津冀协同发展和长江经济带发展；李克强总理在重庆召开长江经济带11省市座谈会，研究依托黄金水道建设长江

---

① 陆桥通道为东起连云港、西至阿拉山口的运输大通道，是亚欧大陆桥的组成部分。
② 吴传清：《建设长江经济带的国家意志和战略重点》，《区域经济评论》2014年第4期。

经济带问题。

表4—2　长江经济带建设重要事件梳理（跨区域协同推进阶段）

时间	标志性事件	内容	长江经济带地域范围
2005年	交通部牵头签署《长江经济带合作协议》	长江经济带"龙头"上海与"龙尾"重庆合力担当，构筑长江经济带首尾呼应、联动发展的战略格局	7省2市：上海、江苏、安徽、江西、湖北、湖南、重庆、四川和云南
2012年	党的十八大	长江经济带定位为国家重点发展战略区域	
2013年12月	国家发改委召开长江经济带建设课题汇报会	浙江和贵州进入长江经济带范围	9省2市：云南、贵州、四川、重庆、湖北、湖南、安徽、江西、江苏、浙江、上海
2014年9月	国务院印发《依托黄金水道推动长江经济带发展的指导意见》	长江经济带正式上升为国家战略	
2016年9月	《长江经济带发展规划纲要》	确立了长江经济带"一轴、两翼、三极、多点"的发展新格局	
2017年10月	党的十九大	实施区域协调发展战略，提出以共抓大保护、不搞大开发为导向推动长江经济带发展	

资料来源：根据党的历次代表大会及相关规划和公开资料整理。

2014年9月，国务院《关于依托黄金水道推动长江经济带发展的指导意见》（简称《意见》）出台，标志着长江经济带作为一个整体发展区域再一次上升为国家战略。《意见》对长江经济带发展的政策思路从重点城市辐射扩展至城镇群联动，并扩充了长三角概念，首次将合肥纳入长三角城镇群，要求长江三角洲城镇群要建设以上海为中心，南京、杭州、合肥为副中心；长江中游城镇群要建设以武汉、长沙、南昌为中心；成渝城镇群要以重庆、成都为中心。2016年9月，《长江经济带发展规划纲要》进一步明确长江经济带的发展格局为"一轴、两翼、三极、多点"。"一轴"指以长江黄金水道为依托,以上海、武汉、重庆为核心推动经济由沿海溯江而上协同发展;"两翼"指沪瑞和沪蓉南北两大运输通道;"三极"指长江三角洲、长江中游和成渝城镇群;"多点"即三大城镇群以外的地级城市。

2016年1月5日,习近平总书记在重庆主持召开推动长江经济带发展座谈会,强调要把修复长江生态环境摆在压倒性位置,共抓大保护,不搞大开发。[①] 2017年党的十九大报告提出实施区域协调发展战略,要求以"共抓大保护、不搞大开发"为导向推动长江经济带发展,长江经济带建设中生态文明建设成为一项至关重要的内容。长江经济带发展的政策定位也从20世纪80年代的"产业密集带"提升至《长江经济带发展规划纲要》中的"生态文明建设的先行示范带、引领全国转型发展的创新驱动带、具有全球影响力的内河经济带、东中西互动合作的协调发展带"。

2018年4月26日,习近平总书记在武汉主持召开深入推动长江经济带发展座谈会,指出推动长江经济带发展,关键是要正确把握整体推进和重点突破、生态环境保护和经济发展、总体谋划和久久为功、破除旧动能和培育新动能、自身发展和协同发展等关系。[②] 2020年11月14日,习近平总书记在南京主持召开全面推动长江经济带发展座谈会,提出长江经济带应该在践行新发展理念、构建新发展格局、推动高质量发展中发挥重要作用,打造区域协调发展新样板,构筑高水平对外开放新高地,塑造创新驱动发展新优势,绘就山水人城和谐相融新画卷,使长江经济带成为我国生态优先绿色发展主战场、畅通国内国际双循环主动脉、引领经济高质量发展主力军。[③] 从以上长江经

---

① 习近平:《在深入推动长江经济带发展座谈会上的讲话》,《求是》2019年第17期。
② 习近平:《在深入推动长江经济带发展座谈会上的讲话》,《求是》2019年第17期。
③ 田豆豆等:《贯彻新发展理念,推动长江经济带高质量发展——习近平总书记在全面推动长江经济带发展座谈会上的重要讲话引起强烈反响》,《人民日报》2020年11月17日第1版、第4版。

带的发展新定位出发，其产业升级在区域和全国经济发展中更显示出特有的重要地位和作用，也更加强调生态环保、技术创新、江海互通和区域协同，以产业升级和协同发展为支撑，将长江经济带建设成为我国经济内循环的战略缓冲带和内外双循环的稳定连接带。

第二节　长江经济带产业升级与协同发展的阶段性特征

改革开放以来，长江经济带上中下游各地区或城镇群之间在产业发展上大致经历了城镇群内的产业链垂直一体化分工、城镇群内产业链分工协同多领域拓展以及跨城镇群的产业升级与协同发展三个阶段。

一　城镇群内产业链垂直一体化分工

改革开放至20世纪90年代，由于改革发展进度、广度、深度的不同，长三角地区与长江中上游的中西部地区在财政税收、经济发展和对外开放政策方面差别较大，客观上形成了沿海地区的开放优势、政策优势、经济优势与长江中上游地区的资源优势、劳动力优势的互补关系。但由于当时长江中上游地区与长三角地区还存在较大的经济差距，加之受制于计划经济时期形成的政府主导的经济发展和资源配置方式，长江流域各城镇群间的经济合作推进起来十分困难。但在各城镇群内部形成了具备一定竞争优势的产业链垂直一体化分工体系，专业分工基础上的产业集群成为支撑区域城镇群经济发展的重要基础。

长江三角洲地区作为经济区域的概念是从1983年3月国务院常务会议正式决定以上海为中心的长三角经济区开始，后因南京等地未加入，所以改称上海经济区，主要依靠中央政府采取行政手段推动区域整合，于1987年7月解散，这是长三角经济区的最早雏形。[①] 在长三

---

① 郑静：《上海经济区情况介绍》，《南方经济》1983年第6期。

角地区产业的不断发展中，逐渐形成了上海以高端制造、能源化工业为支柱并演变至今天的科技、商务、金融等高端服务业为主导，浙江、江苏主要从事规模化加工制造，安徽进行边际产业承接的垂直一体化产业分工格局。以上海为中心，长三角周边城市跟上海紧密联动已形成"2小时经济圈"。长三角地区成为我国产业规模最大、产业体系最为完整、产业优势极为突出的经济发展区域。

长江中游城镇群最初形成2002年，由湖北首次推出"1+8武汉城市圈"战略，长江中游城镇群由此快速发展。为了与"长三角"相呼应，2012年长江中游城镇群提出"中三角"概念，并且通过区际交通网络的完善，预构建城镇群"3小时经济圈"，区域内城市之间的联系逐渐密切。产业在区域城镇群内的分工协作也获得了进一步发展，形成了包括湖北的武汉城镇群（1+8）、襄荆宜城镇群和湖南的长株潭城镇群（3+5）、江西的环鄱阳湖城镇群（1+8）等各具特色的产业分工体系，如江西城镇群的矿产资源加工业，湖北和湖南城镇群的农业、装备制造业，但省市之间的产业分工仍然以产业类型为基础，在产业链内部的垂直一体化分工上与长三角仍有较大差距。

自2007年成渝经济区成立以来，长江上游成渝城镇群一直在谋求共同发展。金融危机为成渝城镇群产业发展提供了契机。通过2008年引进惠普等笔记本电脑生产商，2010年重庆第一台笔记本电脑下线，为了降低内陆物流成本，重庆形成了"整机+零部件+原材料"的一体化产业发展方式，笔记本电脑产量占全球的三分之一，并且与四川的集成电路在电子制造产业内形成垂直分工生产体系。

二 城镇群内产业分工协同多领域拓展

随着长江经济带各城镇群在资源、区位等禀赋基础上某些特定行业形成分工协作关系。长江中上游更加深入地参与全球价值链，中国国内产业的不断升级发展，更多数量和更大覆盖面的产业进入各城镇群的分工协作发展领域，在纺织、钢铁、有色金属、电子、汽车、高端装备制造业等产业领域形成产业集群，带动了各城镇群以及长江经济带的整体快速发展。

长三角地区是我国重要的制造业基地，随着城镇交通基础设施的完善、信息技术的发展以及城镇群内产业沟通的深化，区域内的产业分工协作从最初的纺织、电子加工等数量不多的产业逐渐向整个制造业体系和全部产业门类发展。上海市在沿江和沿海布局了钢铁、新材料、船舶和海洋工程、精品钢材、新能源、装备制造、民用航空、生产性物流、石油及精细化工等产业，形成了沿江沿海产业集群发展带；借鉴上海经验，江苏省通过吸引上海产业发展人才和资本，与上海、浙江、安徽开展产业协同发展，已经形成了化工、物流、冶金、装备制造等产业集群，同时利用沿江靠海的区位优势，围绕先进制造业集群布局了大量运输量和吞吐量大、进出口量大的基础产业，如特种冶金、精细化工、石油化工、新材料、汽车、船舶和物流产业，不断发挥产业之间的上下游、前后向及旁侧效应，与长三角地区共同形成了较为完善的产业链条。

长江中游城镇群，主要以汽车、家电、装备制造等主导产业为核心开展产业协同联合，江西、湖北、湖南三省均以此为主导产业。以湖北省为例，其着力打造具有世界竞争力和全球影响力的工业经济走廊，同时通过产业配套和资源整理利用发展生物医药、新能源、新能源汽车、新材料、北斗导航、智能制造、海洋工程、集成电路等战略性新兴产业和信息消费、高技术服务、电子商务、现代物流、文化旅游等现代服务业。湖北的战略性新兴产业集群主要分布于沿江国家级开发区、高新技术园区和汉孝临空工业区；现代服务业也围绕装备制造、战略性新兴产业集群在长江、汉江流域沿线发展起来。

长江上游成渝城镇群在金融危机发生后，有机会摆脱内陆的地理限制，以较低的禀赋水平参与到依靠全球价值链发展起来的新兴电子制造等领域，加上在机械制造、生物医药、能源化工等传统产业领域的优势，成渝地区产业升级和协作正向着更为广泛的产业领域发展。以重庆为例，围绕电子和汽车两大支柱产业，重庆大力发展与支柱产业联系紧密的新材料、新能源智能汽车、通信设备、生物医药、集成电路、高性能轨道交通装备等战略性新兴产业,并通过智能化改造推动农产品加工、材料、装备制造、摩托车、化工等传统优势产业升级,不断提升与商贸、物流、旅游等现代服务业与四川的协同发展水平。2020年1月3日,在中央财经委员会第六次会议,强调要推动成渝地区双城经济圈建设,在西部形成高质量发展的重要增长极。① 作为长江经济带三大核心城镇群之一,成渝城镇群的产业升级和协同发展对于释放出西部巨大的内需潜力、扩大对外开放、拓展长江经济带经济增长新空间都具有重要意义。

三 跨城镇群的产业升级与协同发展

2008年以来随着两轮西部大开发、中部崛起等区域协调发展战略的实施,长江中游城镇群、成渝城镇群与长三角城镇群间的政策环境与20世纪90年代相比,已经发生了根本性变化,三大区域的政策环境已经基本实现趋同,加上自东向西的产业转移在金融危机后的加速发展,长江经济带的产业升级与协同发展进入到跨城镇群的新阶段。

在全球价值链框架下,长江经济带各区域之间的产业关系结构主要为由东部参与全球价值链,中西部负责向东部输送低端要素,带来了区域之间产业发展的不均衡和东部地区对中西部产业发展的压制。国家价值链构建或将逆转这一关系结构,推动东部高端要素向中西部流动,西部地区产业被压制得到缓解、产业空间拓展转变。图4—1显示了2001—2016年长江经济带各省市的工业技术选择指数(TCI),可见2008年以后长江中上游省市工业TCI出现与长三角地区趋同的明显下降趋势,或是跨城镇群产业转移推动长江经济带产业链重构与区域间协同发展向好的信号。同时长三角地区省市的总体低于中上游省市,可能源于中上游省市产业参与全球价值链的程度较低,产业技术选择并未充分显示资源的禀赋优势。

---

① 《人民日报》评论员:《打造带动高质量发展的重要增长极和新的动力源》,《人民日报》2021年10月21日第1版。

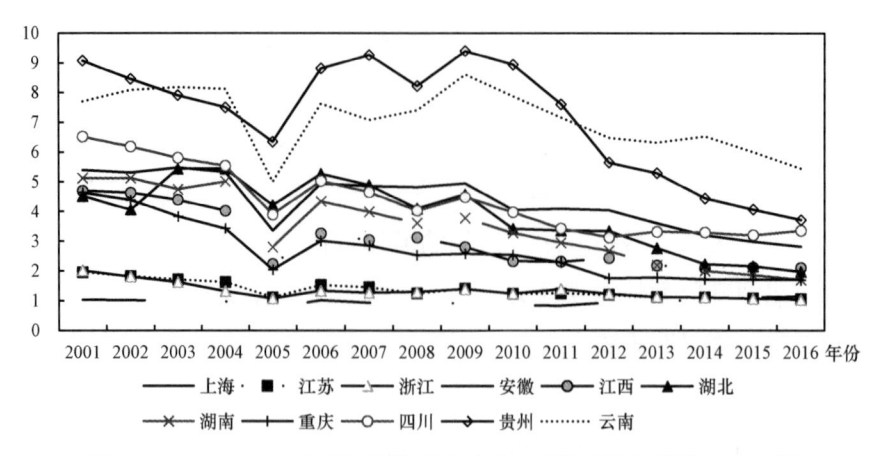

图4—1 2001—2016年长江经济带分省市工业技术选择指数（TCI）①

重庆是长江经济带上游省市中跨城镇群产业协同的典型受益者，其产业升级就得益于城镇群间的产业协同和价值链的改造。2008年金融危机之后，重庆通过对长三角沿海地区产业的有效承接，推动加工贸易快速发展，既为长江下游的东部沿海腾出发展的空间，又为重庆产业结构从资源性产业为主体向劳动密集型产业为主体发展提供了机遇。通过产业价值链的重构，劳动密集型的开放性产业促使重庆在对外通道建设上取得突破，先后主导开通了具有战略意义的"中欧班列""西部陆海新通道"，为长江经济带城镇群间产业关系的调整和跨区域协同发展创造了条件。

在当前外部经济条件和"一带一路"战略背景下，中国产业对外

---

① 采用林毅夫等（2002，2004，2005，2006）提供的禀赋偏离法进行测算，该方法获得研究的广泛应用和发展（黄茂兴、李军军，2009；薛继亮，2013；陈生明等，2017），具体计算过程参见林毅夫、刘明兴、刘培林、章奇《经济发展战略的实证分析——关于技术选择指数的测量与计算》，经济发展论坛工作论文，No. FC20050059。涉及的各省市资本存量参考张军等（2004）、李梅和柳士昌（2012）做法，劳动力数据采用从业人员总数；工业资本存量参考王争等（2006）通过工业固定资产净值计算获得，劳动力数据采用规模以上工业从业人员数。资本存量全部为2000年不变价。主要数据来源于历年《中国统计年鉴》《中国工业经济统计年鉴》《中国劳动统计年鉴》和相关省市《统计年鉴》，因国家统计局未发布《中国工业经济统计年鉴（2018）》，数据更新至最近的2016年。

发展的空间格局势必从面向美、日等发达国家需求的加工出口更多地转向"一带一路"沿线国家高端产业引领。这将意味着长江中上游地区对外将享有与下游沿海同等的全球价值链参与机会，并且在向西开放、参与丝绸之路经济带建设上更具地理优势，促进下游沿海高端要素向中上游地区流动，推动跨城镇群的产业升级与协同发展在长江经济带更加深入地发展。

第三节　长江经济带产业升级与协同发展的基础条件

一　广阔的地域覆盖面提供了充足发展空间

长江经济带与作为自然单元的长江流域并非同一概念，其兼具经济、社会、人文、自然综合体的含义，是具有整体性、协作性和经济联动性的经济聚集带。如表4—3为长江与我国主要河流的对比情况，其河长、流域面积、年径流量在我国主要河流中均位列第一。长江流域横贯我国核心腹地，共涉及我国19个省区市，数量上超过我国省级行政单位的一半，其中干流流经青、藏、川、滇、渝、鄂、湘、赣、皖、苏、沪等11个省区市，全长6300余千米，干线航道2838千米，规划的干支流高等级航道1.2万千米，占全国的63%；支流展延至贵州、甘肃、陕西、河南、浙江、广西、广东、福建等8个省区。长江流域面积约180万平方千米，占我国河流流域总面积的18.8%，与我国第二长河黄河相比，长江的流域面积约是其2.4倍。

长江经济带依托长江流域而形成，其划定是在排除长江流域部分经济联系方向性和可达性较弱的省份（如青海、河南）后添加经济联系紧密地域，并以省级行政区为基础构建的，面积较长江流域更大，超过200万平方千米。更为广阔的地理覆盖面为其产业升级与协同发展提供了充足的拓展空间和资源基础。按上中下游划分，下游地区包括上海、江苏、浙江、安徽四省市，面积约35.03万平方千米，占长江经济带的17.1%;中游地区包括江西、湖北、湖南三省,面积约56.46万平方千米,占长江经济带的27.5%;上游地区包括重庆、四川、贵州、云南四省市,面积约113.74万平方千米,占长江经济带的55.4%。2019年经济总量和人口占比均超过全国的40%,长江经济带已发展成为我国综合实力最强、战略支撑作用最大的区域之一。[①]

表4—3　　　　　　长江与国内主要河流基本情况

	河长(千米)	流域面积(平方千米)	年径流量(亿立方米)
长江	6300	1782715	9857
黄河	5464	752773	592
松花江	2308	561222	818
珠江	2214	442527	3381
辽河	1390	221097	137
海河	1090	265511	163
淮河	1000	268957	595

数据来源:《中国统计年鉴(2019)》,为2002—2005年进行的第二次水资源评价数据。

二　独特的要素区位有利于产业链融合协同

图4—2显示了新中国成立以来长江经济带主要经济指标变动情况。新中国成立以来,长江经济带人口规模一直处于较高水平,并表现出稳步增长的势头;资本存量、GDP以及城镇从业人员数在2000年以后表现出加速上升的势头,资本存量增长在2012年以后甚至超越了GDP的增长,反映了2012年以后长江经济带资本投入的大幅提升,但人口增长变得相对平缓。尽管如此,长江经济带历来就是我国城市布局的重心和城市化水平较高的地区,特别是自2012年以来全国劳动年龄阶段人口出现连续下降的现象,人口与劳动力成为区域产业发展中极为重要的要素条件。2019年长江经济带11省市人口总数超过6亿

[①] 国务院《关于依托黄金水道推动长江经济带发展的指导意见》,国发〔2014〕39号,2014年9月12日。

人，占全国14亿总人口的比重约为43%，6个省份（江苏、浙江、安徽、湖北、湖南、四川）的人口数超过5000万人；城镇就业人员达1.75亿人（2017年）。分地区来看，2019年长三角地区4省市约2.27亿人，占长江经济带的37.8%；中游地区3省约1.75亿人，占29.2%；上游地区4省市约2亿人，占33%。可见，无论是长江经济带的上游中游还是下游，都分布较大规模的人口。近年来，长江经济带人口更呈现出向地区中心城市或省会城市聚集的趋势，武汉、重庆、苏州、徐州、合肥、长沙、南昌、温州等成为当前长江经济带人口持续集聚的重点区域，为长江经济带产业升级与协同发展提供了充足的劳动力和人力资源。

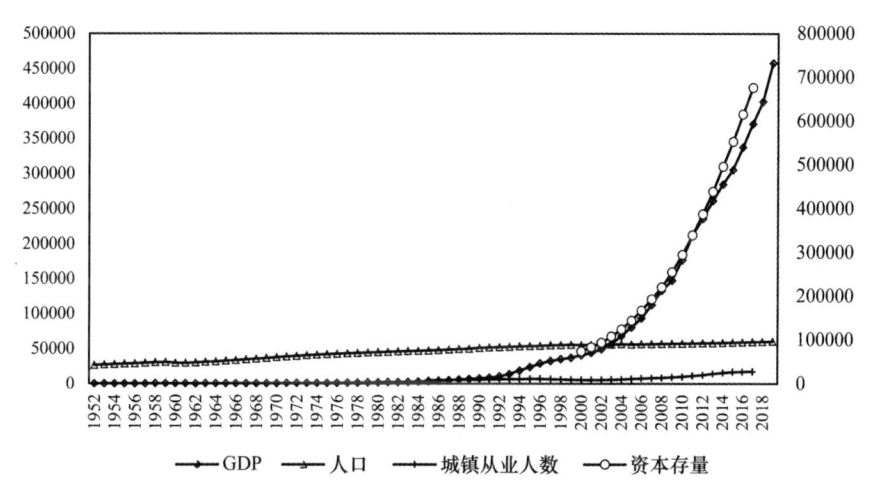

图4—2 长江经济带主要要素指标变动（1952—2019年，单位：亿元/万人）[①]

此外，与美国密西西比河自北向南流经不同纬度的是，长江自西向东流，长江经济带位于世界上最为美丽富饶的北纬30度附近。除了文明因气候等因素不易于南北传播，而更易在相同维度的东西向传播，

---

① 资本存量绘制在次坐标，计算方法同图4—1中TCI资本存量计算方法，报告结果为2000年不变价。2019年数据根据各省市2019年《国民经济和社会发展统计公报》计算整理，其余数据来源于历年《中国统计年鉴》。

长江经济带还拥有丰富的矿产、水能和生物资源，沿江各省市都具有良好的区位和资源优势。改革开放以来，长江经济带已逐渐形成了以上海为龙头、长三角城镇群为引领的高密度经济走廊。同时，长江经济带的 11 个省市也几乎处于同一纬度线上，长江就像一条丝带将 11 省市呈东西向串联，便于各省市依托东西走向的长江黄金水道保持密切的经济联系，同时还与京沪、京九、京广、皖赣、焦柳等南北铁路干线交汇，承东启西，接南济北，通江达海，能够最大限度地发挥下中上游地区在资金、人才、资源、生态等领域的不同优势，有利于形成前后向关联性强的产业链并产生较强的协同发展效应。

三 坚实的产业基础夯实了实体经济准备

就现阶段中国各区域综合体经济体量来看，几乎占据我国经济半壁江山的长江经济带无疑是规模最大的，且以当前发展势头来看，未来还有更大提升空间。图 4—2 显示的长江经济带经济规模在 20 世纪 90 年代以后快速启动，并于 2000 以后加速增长。以 GDP 为例，长江经济带 11 省市在 2000 年时名义 GDP 为 40728 亿元，占当年全国国内生产总值的 41%；2019 年，这个比重已经提高到 46.2%。2019 年长江经济带三次产业增加值分别占全国总体的 43.4%、47.2% 和 45.8%，稳居我国产业发展的主体地位。

从产业布局和产业集群发展来看，长江经济带已形成包括高新技术、交通装备、重化工、机电工业等在内的多个产业集群。高新技术、装备制造产业集群主要集中在上海、南京、武汉、成都、重庆等长江沿线中心城市，2018 年长江经济带沿线 11 省市汽车产量达到 1173 万辆，占了全国汽车产量的约 46%。能源、钢铁、建材等重化工业产业集群长江沿线均有布局，特别是中上游的能化产业发展时间长，已具有相当规模，集聚了不少龙头企业，目前正面临绿色转型与价值链升级的问题。电子、机械等机电工业产业群则主要在上游的重庆、四川和下游的长三角，重庆的笔记本电脑产量约占全球的 1/3。产业规模优势和集群化发展趋势，为长江经济带各省市的经济发展和产业升级提供了充分的实体经济准备。

四 较强的技术创新能力提供了持续动力

长江经济带研发实力雄厚、创新资源丰富、创新产业集聚，是我国重要的创新策源地。在研发经费支出、有效发明专利数、新产品销售收入上长江经济带分别占到了全国比重的43.9%、44.3%、50%[1]，与经济总量的占比大体相当，研发实力突出。在创新资源上，长江经济带聚集了全国约40%的高等院校和科研机构、全国近一半的两院院士和高级科技人员；2018年共有普通高校1147所，占全国2663所普通高校总数的43.1%，本科、专科在校人数达到全国在校人数的42.7%[2]。目前，长江经济带11个省市共拥有国家创新平台超过500家，全国219个国家级经济技术开发区中61个分布在长江经济带，成为引领区域创新发展的重要载体和引擎，涌现出量子保密通信、高性能计算机等在内一大批具有国际影响力的重大创新成果[3]，推动形成了"上海张江""武汉中国光谷""贵阳中国数谷"等一批有创新引领示范作用产业集聚区，为长江经济带产业协同发展提供了强劲的创新动力。

五 城镇群初具规模创造了良好的市场环境

《全国主体功能区规划》确定的1/3的特大城镇群（长三角城镇群），3/8的大城镇群和区域性城镇群（成渝城镇群、长江中游城镇群、江淮城镇群）都集中在长江经济带流域内，长江经济带也就成了我国"两横三纵"城镇化战略格局的重要支撑。目前，长江经济带都市经济圈发育状况和发育程度良好，已经形成了三大都市的经济圈和

---

[1] 数据来源郭险峰的《经济新常态下长江经济带产业转型升级研究》，西南财经大学出版社2018年版，第6页。
[2] 根据2019年《中国统计年鉴》计算整理。
[3] 数据来源中商产业研究《国家级开发区数量及分布情况分析》，http://finance.eastmoney.com/a/201906181154326262.html，2019年6月18日。

城镇群，即长江上游的成渝双城经济圈，长江中游地区包括武汉都市圈、长株潭城镇群、环鄱阳湖城镇群等在内的中游城镇群和长江下游由上海、江苏、浙江、安徽等省市组成的泛长三角都市群。上中下游城镇圈层的体量、规模和影响力可以与沿海的三大都市经济圈媲美，并且具有明显的后发优势和腹地更深广、联系更为紧密、具有持续影响力和爆发力等优势。

其中，泛长三角都市经济圈已经成为中国区域经济发展的"领头羊"，综合实力最强，是国际公认的六大世界级城镇群之一。长江中游城镇群是我国具有优越的区位条件、交通发达、产业具有相当基础、科技教育资源丰富的城镇群之一，在我国未来空间开发格局中，具有举足轻重的战略地位和意义。成渝地区双城经济圈以四川、重庆为依托，以成渝两市为双核，通过在核心城市与周边城市、核心城市与核心城市之间构建1小时通行圈，未来将有望带动崛起一批百万级以上的区域中心城市，市场潜力巨大。加之市场扩张和城镇化发展带动的消费升级，区域营商环境将获得更大改善，为区域产业升级和协同发展创造了条件。

六 综合基础设施日渐完善奠定了协同发展基础

改革开放以来，长江经济带交通基础设施建设取得了巨大成效，路网结构布局不断完善，规模持续扩大，交通技术水平提升显著，交通运输能力持续增强，已经初步构成了以长江黄金水道为依托，涵盖水公铁空管等多种交通运输方式，各种运输方式紧密衔接的综合立体交通网络。除水运外，铁路、公路发展尤其迅速。2018长江内河航道里程就达到90413千米，较2000年增长18%，占全国内河航道里程的71.1%，通过三峡船闸货运量为1.42亿吨，连续5年破亿吨，黄金通道的作用明显。铁路建设也实现了较快增长，长江经济带2018年年底通车运营的铁路里程达到39044千米，约占全国总里程数的30%，大大低于经济总量在全国的占比，但这一里程是2000年长江经济带铁路营业里程的2.35倍，沪昆全线、武九、西成高铁和兰渝等主要铁路干线均开通运行,铁路运行的路网框架基本形成。公路建设尤其是高速公路建设快速发展速度则更为突出,2018年长江经济带高速公路里程为55690千米,占全国高速公路总里程的39%,但总里程是2000年时的10倍左右,沪蓉、沪渝、沪昆、杭瑞高速公路均已全线贯通。综合交通基础设施的不断改善为依托黄金水道推动长江经济带协同发展奠定了良好的设施基础条件。[①]

第四节　本章小结

跟随长江经济带发展战略的演变,改革开放以来长江经济带产业升级与协同发展的政策演变经历了理论探讨、重点城市带动和跨区域协同推进三个阶段。与此同时,长江经济带产业升级与协同发展,也经历了城镇群内产业链垂直一体化分工、城镇群内产业链分工协同多领域拓展以及跨城镇群的产业升级与协同发展三个阶段。长期的政策支持和不断完善,长期的阶段性发展和不断积累,奠定了长江经济带产业升级与协同发展的六大基础条件,包括广阔的地域覆盖面提供了充足发展空间;独特的要素区位有利于产业链融合协同;坚实的产业基础夯实了实体经济准备;较强的技术创新能力提供了持续动力;城镇群初具规模创造了良好的市场环境;综合基础设施日渐完善奠定了协同发展基础。

---

① 相关数据为根据相应年份的《中国统计年鉴》计算整理获得。

第三篇

现实基础

第 五 章

国家价值链视角下中国产业升级的
事实及特征

为了全面把握长江经济带产业升级与协同发展的现实基础，本章应用第三章提出的国家价值链视角下产业升级理论模型，从价值增值能力、价值整合能力、产业影响力首先对中国产业价值链升级的事实与特征进行分析，以对长江经济带在全国产业发展中的特点和地位有更深入认识。本章基础数据来源于由欧盟资助、多个组织联合开发，涵盖世界经济 80% 以上经济体投入产出表及双边贸易数据的世界投入产出数据库（World Input-output Data，WIOD）。WIOD 2016 包括 28 个欧盟成员国、其他 14 个经济体和世界其余地区等 44 个经济体，较 2013 WIOD 新增挪威、瑞士、克罗地亚经济体；每个经济体包含的产业部门从 2013 年的 35 个变更为 56 个，该表编制采用了国际标准产业分类第四版（ISIC4）或欧盟经济活动分类统计标准第二版（NACE2）(Timmer et al.，2016)，至 2021 年数据发布年份包括 2000—2014 年。分析中我们对行业部门的划分为农业和资源性产业（行业编码 1-4）、制造业（行业编码 5-22）和服务业（行业编码 23-56）。

第一节　总体分析

图 5—1 显示了 2000—2014 年中国增加值率、生产一体化程度和产业影响力的变动情况①。中国总体增加值率（V）在此期间由 37.2% 下降至 32.8%，2002 年达到峰值 38.6%，随后持续下降，但 2006 年以后下降幅度较 2002—2005 年明显收窄。与此同时，中国在生产的一体化程度和产业影响力的提升上却有较好表现，在中间品投入规模从 2 万亿美元大幅增加到 21 万亿美元的基础上（中间品产出亦有相同表现），生产一体化指数（IPP）自 2000 年的 59.7% 上升到 2014 年的 71.0%；基于产出的影响力指数（IU^s）和基于投入的影响

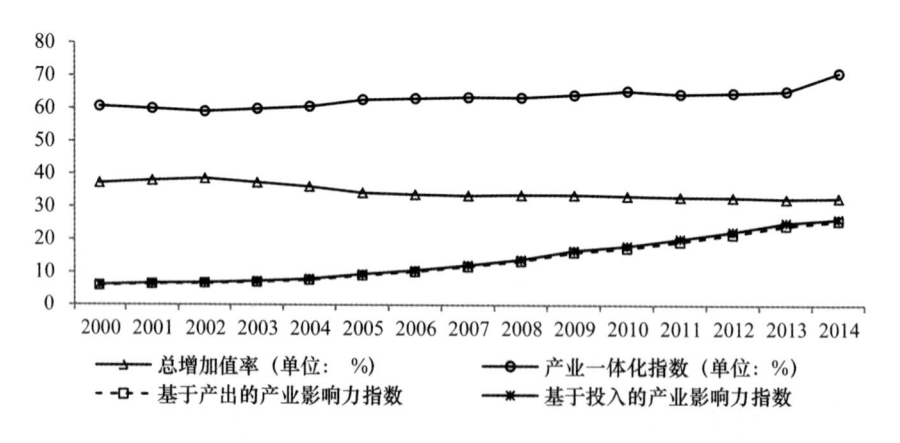

图 5—1　2000—2014 年国家价值链视角下中国产业指标变动

---

① 因数据缺失，生产一体化指数计算中，未包含行业"机械、设备维修安装"（23）、"汽摩批零及维修"（28）、"运输储藏和辅助活动"（34）、"出版"（37）、"影视制作、录音及音乐出版"（38）、"金融保险辅助活动"（43）、"房地产"（44）、"建筑工程、技术测试分析"（46）、"科研与发展"（47）、"广告和市场调研"（48）、"其他专业、科技活动"（49）、"行政和辅助服务"（50）、"健康和社会工作"（53）、"家庭雇佣、自用和未区分物品生产及服务"（55）、"国际组织和机构"（56）。其余国家的生产一体化指数，美国不含行业 56，墨西哥不含行业 44、48、55，德国不含行业 55、56。

力指数（ID^s）表现出几乎一致的持续上升势头，2000—2014年前者自5.9增加到25.8，后者自6.2增加到26.4。值得关注的是，中国的增加值率与生产一体化程度长期呈相反走势，即产业的对外依赖度越高，对国外中间品需求越大，价值的增值能力越强，这充分体现出中国经济的外向特征，也说明国内水平型的产业分工在中间环节的控制和中间品的供给上优势尚需增强。令人欣喜的是，2014年增加值率与经济一体化指数均呈上升趋势，这在报告期尚属首次，或是中国产业转型向好的信号，反映在产业结构的调整上，2013年中国服务业增加值首超第二产业。

从全球情况来看，中国增加值率相对偏低，2014年中国在44个经济体中位列倒数第二，仅高于卢森堡，远低于美国（56.2%）、日本（51.8%）、德国（51.2%）等发达经济体，低于46.9%的世界平均水平，也低于同为发展中经济体的墨西哥（57.6%）和印度（52.9%）。在大型经济体中，2014年美国增加值率位列全球第四；墨西哥、印度在发展中经济体中表现抢眼，超过了美国、日本；而从区域来看，亚洲经济体除日本外增加值率普遍偏低，韩国也仅为40.1%。世界各国增加值率在2011年前后表现出较大变动，继韩、德、印度2012年表现出强劲增势后，中国在2014年开始增长，而美、日、墨西哥自2010年开始下降。墨西哥在增加值率上的良好表现或与紧邻美国，并为北美自由贸易区成员国有关，而印度或与其服务业为主体的产业结构相关。在生产一体化程度上，2014年中国达到71.0%，大大高于在增加值率上优于中国的美国（40.9%）、德国（60.9%）、墨西哥（34.9%）等经济体。产业的影响力上，2000—2014年中国表现出强劲的增长势头，而同期美国的对应指标则持续下滑，基于产出的影响力指数自24.2下降至15.6，基于投入的影响力指数自24.5下降至15.8。

第二节 行业分析

由图 5—2 可知，2014 年中国增加值率位列前三的行业依次是"房地产"（83.4%）、"金融"（74.4%）和"电信"（63.3%），均为垄断性服务行业，其数值甚至高于美国同期表现（74.1%、69.3%、50.4%）。其余行业中，"作物、养殖、狩猎和相关服务""零售""批发"也超过60%；"渔业水产""教育""公共管理、国防和强制性社保""邮政邮递""陆路和管道运输"超过50%。制造业行业则普遍偏低，排在第一位的"家具及其他"为39.8%，"汽车、挂车和半挂车"为18.5%，"计算机、电子和光学品"仅17.7%，"化学及化学制品"16.7%，"电力设备"16.1%，均在所有行业中位列倒数。2000—2014年，增加值率增长的有"运输储藏和辅助活动""房地产"等14个行业，下降的则多达34个行业，制造业18个行业全部表现为

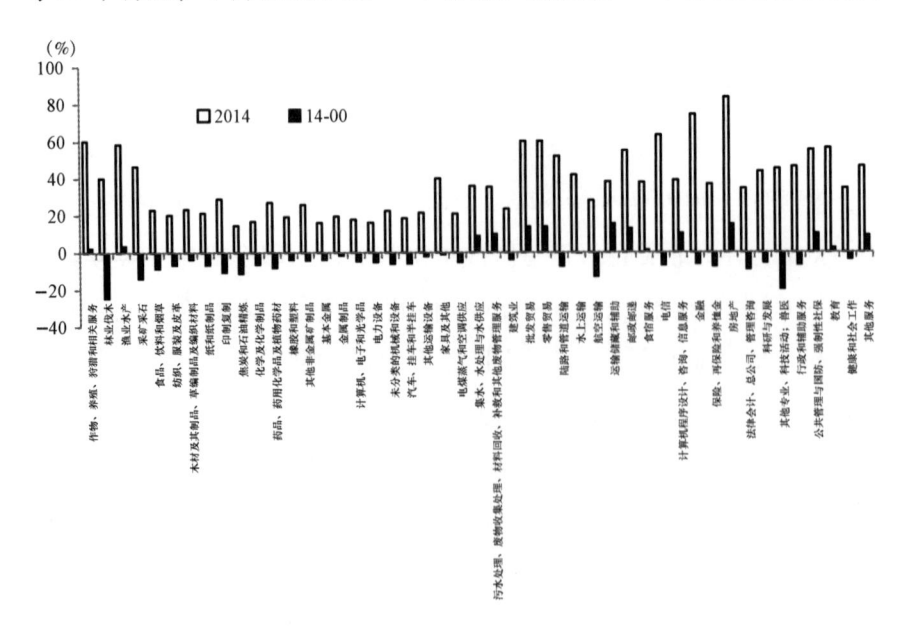

图5—2 2014年中国分行业增加值率及2000—2014年变动情况

第五章 国家价值链视角下中国产业升级的事实及特征 / 99

下降。制造业增加值率较服务业偏低从行业性质而言属正常现象，世界各国也普遍如此，2014 年 44 个经济体中制造业最高仅为 38.3%（爱尔兰），服务业则达到 70.1%（墨西哥）。但中国制造业增加值率不仅低于本国服务业，也低于世界其他经济体，以美国为参照，中国 18 个制造业行业增加值率全部低于美国，制造业平均增加值率仅为 19.7%，44 个经济体排名倒数第一，爱尔兰（38.3%）、瑞士（37.2%）分别排名前两位，大型经济体排名靠前的有英国（36.5%）、德国（35.2%）、美国（34.6%）和日本（32.1%）。2014 年中国制造业占总产出的 50.0%，制造业低增加值率应是中国整体增加值率偏低的一个重要原因。

由此，在图 5—3 各行业生产一体化程度的表现来看，增加值率较高的"房地产""金融""电信"在生产一体化程度上位列倒数三位，分别为 16.2%、24.4%、34.8%。原因在于上述行业的高增加值率是由初始投入而非中间投入增长推动的产出增加，本国中间品投入在总

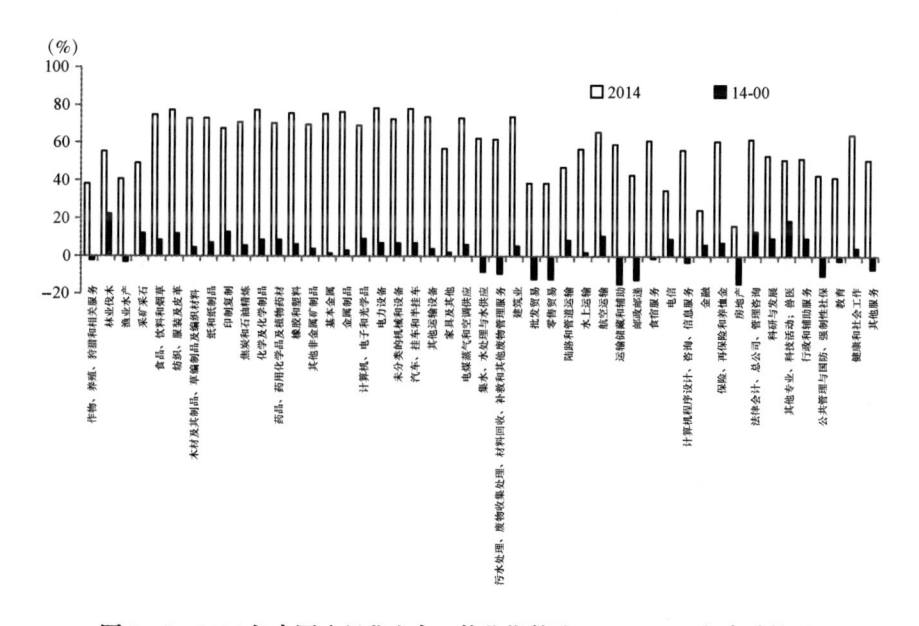

图 5—3 2014 年中国分行业生产一体化指数及 2000—2014 年变动情况

产出比重中自然偏低。这也进一步说明，该类行业固然有较强的需求拉动作用，如房地产为典型的内向型产业，中间需求100%为国内需求，2013—2014年国内中间需求对最终需求的弹性达到1.37，而制造业行业普遍在0.5以下。但在生产上，此类行业较独立于经济中其他部门，与其他产业关联性不强，没有生产上的中间投入拉动和技术联动效应，这也是为什么房地产与其他产业常常是"冰火两重天"。其余行业中，制造业部门的生产一体化指数普遍较高，"电力设备"（78.4%），"汽车、挂车和半挂车"（78.0%），"化学品及化学制品"（77.4%）等16个行业均超过70%。全行业来看，2000—2014年上升行业也较下降行业多，上升行业包括"林业伐木""其他专业、科技活动""法律会计、总公司、管理咨询"等33个行业。

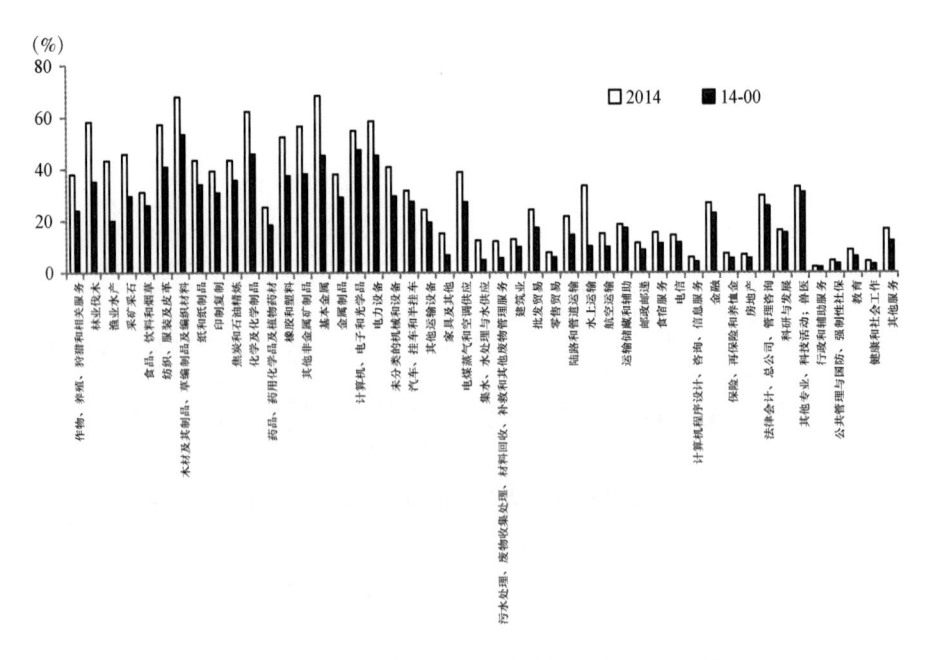

图5—4 2014年中国分行业基于产出的产业影响力指数及2000—2014年变动情况

图5—4和图5—5报告了各行业基于产出的产业影响力指数

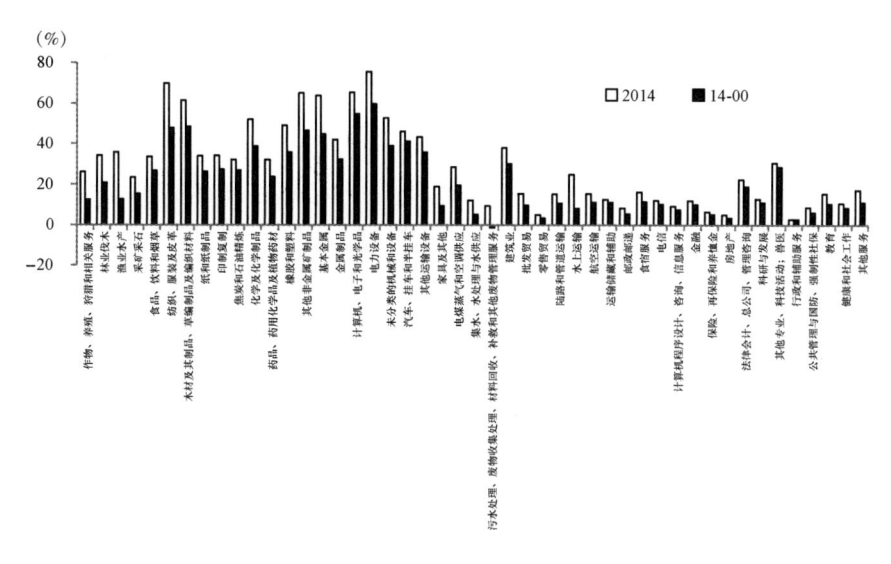

图5—5 2014年中国分行业基于投入的产业影响力指数及 2000—2014年变动情况

(IU^s)和基于投入的产业影响力指数(ID^s)①。2014年,中国两项指数超过10的均有39个行业,较高的行业基本都集中在制造业,如基于产出的产业影响力指数最高的"基本金属"达到68,其余"木材及其制品等""化学及化学制品""电力设备""纺织、服装及皮革""其他非金属矿制品""计算机、电子和光学品""橡胶和塑料"等行业超过50,全部为制造业行业,该指数越大说明所属行业从产出规模和中间品(相对于最终品)产出角度对世界产业影响越大;基于投入的产业影响力指数最高的"电力设备"高达75,其余"纺织、服装及皮革""计算机、电子和光学品""其他非金属矿制品""基本金属"

---

① 因数据缺失,U_i和D_i计算中未包含行业"机械、设备维修安装"(23),"汽摩批零及维修"(28),"出版"(37),"影视制作、录音及音乐出版"(38),"金融保险辅助活动"(43),"建筑工程、技术测试分析"(46),"广告和市场调研"(48),"家庭雇佣、自用和未区分的物品生产及服务"(55),"国际组织和机构"(56),在总体的基于产出的影响力指数($IGVC^U$)和基于投入的影响力指数($IGVC^D$)计算中,为了便于比较与统一,上述行业的对应指标全部取值为1。

"木材及其制品等"等超过60，也均属制造业，该指数越大说明所属行业从投入规模和中间投入（相对于初始投入）角度对世界产业影响越大。两项指数均低于10的则全部为服务业行业，包括"零售""计算机程序设计、咨询、信息服务""保险、再保险和养恤金""房地产""行政和辅助服务""公共管理与国防、强制性社保"。剔除产出比重，仅从中间产出和中间投入角度来看各行业对世界产业的影响，即从各行业基于产出的产业上游度指数（U_i）和基于投入的产业下游度指数（D_i）来看，2014年中国各行业基于产出的产业上游度指数除"教育""建筑""公共管理、国防与强制性社保""健康和社会工作"外，其余行业均超过1.5，最高的"采矿采石"超过5；同期，基于投入的产业下游度指数除"房地产"外，其余行业均高于1.5，最高的"电力设备"达到3.8。2000—2014年，基于产出的产业影响力指数全部表现为上升，上升幅度前三的行业为"木材及其制品等""计算机、电子和光学品""化学及化学制品"，基于投入的产业影响力指数除"污水处理、废物收集处理等"下降外，也均表现为上升，上升幅度前三的行业为"电力设备""计算机、电子和光学品""木材及其制品等"。可见，中国各行业对世界产业发展的影响力在报告期明显提升，以"纺织、服装及皮革""计算机、电子和光学品""木材及其制品等"等为代表的中国制造业无论从产出还是投入角度对全球产业发展的影响力都大大增强，超过农业和资源性产业、服务业的影响力提升。同样，基于产出的产业上游度指数和基于投入的产业下游度指数两项指标中国上升行业也较下降行业多，前者38个行业、后者36个行业表现为上升，制造业18个行业中基于产出的产业上游度指数上升的有15个行业，基于投入的产业下游度指数全部上升。

从两项影响力指数的对比来看，基于投入的产业影响力指数在行业间的差异性较基于产出的产业影响力指数大，但剔除产出（投入）占比权重的影响则正好相反，基于产出的产业上游度指数在行业间的差异性较大；而2000年时，两类指数表现是一致的，即产出角度指数的差异性均超过了投入角度。产生这样的结果，有仅从中间品角度两项上下游指数变化的原因，占产出较大比重的制造业在基于投入的产业下游度上有了更大的提升；更重要的则是中国产业规模在行业间的发展不均衡导致，那些基于投入的产业下游度指数较大，或与基于产出的产业上游度指数差距较小的行业倾向于拥有较快的产业规模提升和较高的世界产出占比，反之则倾向于产业规模扩张不足和较低的世界产出比重，而前类行业也主要集中在制造业；2014年基于投入的产业影响力指数在18个制造业行业中有11个超过基于产出的产业影响力指数，但在全部农业和资源性行业以及大部分服务业行业上则偏低。可见，制造业基于投入的产业下游度指数较基于产出的产业上游度指数有更大提升，并且规模扩张倾向于拥有较高基于投入的产业下游度指数的行业，制造业行业内以要素提升为内涵的价值链重构裂变或已然发生；但仅从中间品生产角度，中国行业间发展水平的差异表现在产品特征上比要素投入上大，中国各行业发展水平不平衡是以产品差异而非要素差异为突出表现，在实际中可能大量存在利用低端要素生产高端产品的情况；对农业和资源性产业、服务业，产业升级可能更多地体现在中间品的质量提升和产品更新换代为表现的产品升级上，而以要素提升为表现的功能升级和跨产业升级明显滞后，如中国的"科研与发展"行业，2000—2014年基于产出的产业上游度指数从1.48增加到3.48，提高2.00，但基于投入的产业下游度指数从2.44增加到2.71，仅提高0.27。

第三节　地区分析

在地区分析上，我们将中国对外经济联系划分为"一带一路"

沿线经济体[①]、主要发达经济体[②]、其他发达经济体[③]、世界其他经济体[④]等四类区域。从内外总体来看，2000—2014年中国国内增加值率（VD）、出口增加值率（VE）与总体增加值率表现基本一致，国内增加值率和出口增加值率出现较大幅度下降，前者自38.2%降至34.0%，后者自33.2%降至28.3%；而进口增加值率（VI）略有降低，自40.7%降至39.2%。同时，中国出口增加值率长期低于国内增加值率，低于进口增加值率，图5—6报告了2014年的对比情况。一方面，说明中国产业结构上增加值率高的产业出口表现不及增加值率低的产业，这一现象在美国同样存在，中国的差值大概在5—7个百分点，美国差值在6—8个百分点。这与贸易开展上货物与服务难易相关，服务产品增加值率高而贸易开展较难，如2014年中国总增加值中国内部分占比81.2%，而服务业占国内增加值的58.7%；出口增加值占总增加值的18.8%，服务业仅占出口增加值的39.2%，这也进一步显示出服务贸易对提升一国对外价值获取能力的重要意义。另一方面，

---

① WIOD统计了"一带一路"沿线18个经济体（中国台湾计入中国），包括中国、保加利亚、塞浦路斯、捷克、爱沙尼亚、希腊、克罗地亚、匈牙利、印度尼西亚、印度、立陶宛、拉脱维亚、波兰、罗马尼亚、俄罗斯、斯洛伐克、斯洛文尼亚、土耳其。根据联合国WDI数据，2016年包括中国在内18个经济体占"一带一路"沿线65个经济体国内生产总值的76.9%（计算中WIOD数据中国台湾计入中国；联合国数据中国香港计入中国，科威特、伊朗为2015年GDP数据）。此外，"一带一路"沿线65个经济体为中国、蒙古国、东盟10国（新加坡、马来西亚、印度尼西亚、缅甸、泰国、老挝、柬埔寨、越南、文莱和菲律宾），西亚17国（伊朗、伊拉克、土耳其、叙利亚、约旦、黎巴嫩、以色列、沙特阿拉伯、也门、阿曼、阿联酋、卡塔尔、科威特、巴林、希腊、塞浦路斯和埃及）、南亚8国（印度、巴基斯坦、孟加拉、阿富汗、斯里兰卡、马尔代夫、尼泊尔和不丹）、中亚5国（哈萨克斯坦、乌兹别克斯坦、土库曼斯坦、塔吉克斯坦和吉尔吉斯斯坦）、独联体7国（俄罗斯、乌克兰、白俄罗斯、格鲁吉亚、阿塞拜疆、亚美尼亚和摩尔多瓦）和中东欧16国（波兰、立陶宛、爱沙尼亚、拉脱维亚、捷克、斯洛伐克、匈牙利、斯洛文尼亚、克罗地亚、波黑、黑山、塞尔维亚、阿尔巴尼亚、罗马尼亚、保加利亚和马其顿）。

② 主要发达经济体包括澳大利亚、加拿大、德国、法国、英国、意大利、日本、韩国、美国等9个经济体。

③ 其他发达经济体包括奥地利、比利时、瑞士、丹麦、西班牙、芬兰、爱尔兰、卢森堡、荷兰、挪威、葡萄牙、瑞典等12个经济体。

④ 世界其他经济体包括巴西、墨西哥、马耳他、其他经济体等4个经济体。

说明中国产出的价值增值不及投入角度下进口品的价值增值，突显出中国供给侧结构性改革中以产品质量提升和生产环节突破推动价值链跃升的紧迫性和必要性。从外部分区域的表现来看，2014年产出角度下的中国出口增加值率并未因区域不同表现出较大差异，相较而言世界其他经济体略高；投入角度下的进口增加值率则在区域间呈现较大差异，其中其他高收入经济体、"一带一路"沿线经济体均超过41%，世界其他经济体仅37.0%。2000—2014年中国对几类地区的出口增加值率均出现下降，从几类地区的进口增加值率则只有"一带一路"沿线经济体表现出上升。可见，由内部生产技术和从事生产环节等决定的中国外部价值获取能力并未因产销区域的不同表现出较大差异，但不同区域对中国的产品输出则表现出较为不同的价值获取能力，也就是说在与各地的贸易合作中，区域转换对中国价值获取影响并不明显；而在与中国的贸易合作中，"一带一路"沿线经济体应是产业升级的最大受益区域。

图5—7报告了从中间生产环节参与看，中国与各地在生产一体化程度上的相互影响，用中间品进、出口产出比表示，如中国对各地的

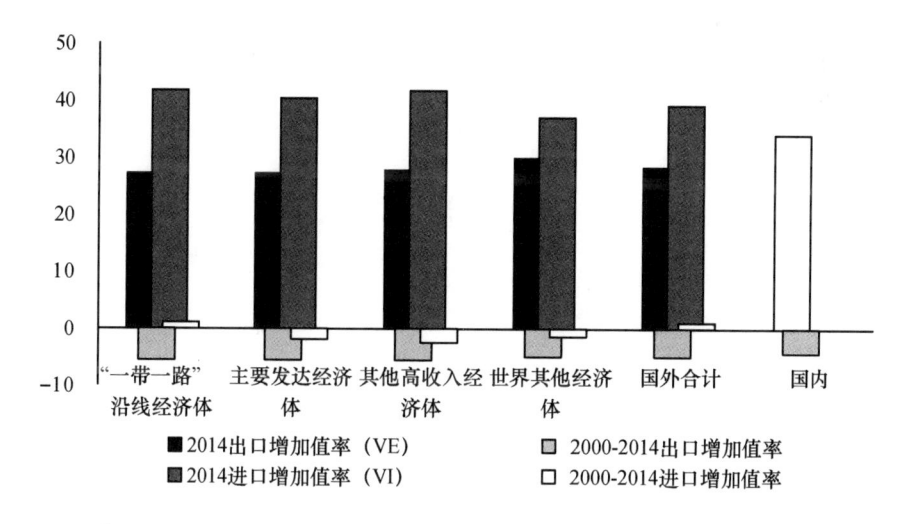

图5—6　2014年分地区中国进、出口增加值率及2000—2014年变动情况

影响即为中国对各地的中间品出口（各地自中国的中间品进口）与各地总产出的比，中国受各地的影响即为中国自各地的中间品进口（各地对中国的中间品出口）与中国的总产出比。2014年几大区域生产一体化程度受中国影响最大的为世界其他经济体，中国中间品出口占其总产出比重达到1.9%，其次为"一带一路"沿线经济体；中国生产一体化程度受各区域影响最大的也为世界其他经济体，中国自该区域进口产出比达到2.3%，其次为主要发达经济体1.4%。2000—2014年，中国对各区域生产一体化程度的影响均表现为上升，但各区域对中国生产一体化程度的影响仅世界其他经济体表现出上升，主要发达经济体则出现大幅下降。可见，报告期内几大区域对中国中间产出的依赖明显上升，尤其是世界其他经济体和"一带一路"沿线经济体；中国受各大区域的影响则主要集中在世界其他经济体和主要发达经济体，但从中间投入表现的对主要发达经济体的生产依赖已大幅下降。

联合图5—8和图5—9报告的投入—产出价值链关联和贸易结构

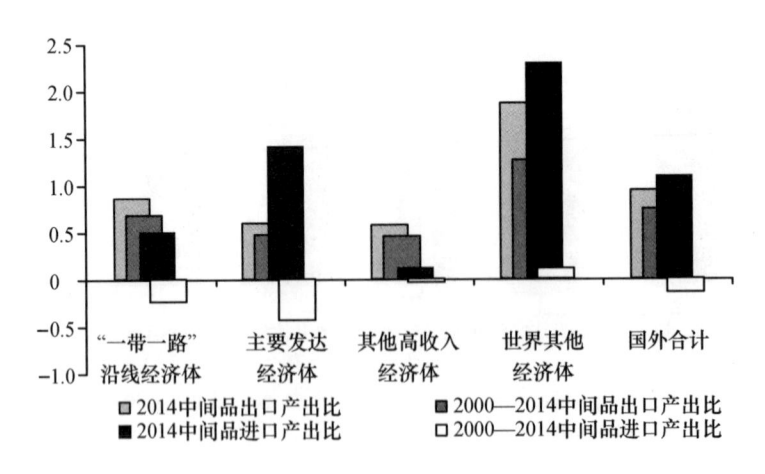

图5—7 2014年分地区中国中间品进、出口产出比及2000—2014年变动情况

基础上中国与各区域产业影响力指数①来看，2014年中国产业影响力在各区域间表现出较大差异，无论是基于产出还是基于投入角度，受影响最大的均为世界其他经济体，其次为"一带一路"沿线经济体，但二者差距基于产出和投入两项指数均超过5；各区域对中国的产业影响力差异则相对均衡，产出和投入角度对中国影响最大的依然为世界其他经济体，其次为主要发达经济体，二者基于产出和投入两项指数差异分别为1.2和0.7。2000—2014年，中国对各区域两项产业影响力指数均上升，但世界其他经济体和"一带一路"经济体提升幅度较大，"一带一路"沿线经济体超越主要发达经济体成为受中国产业影响第二的区域；各区域对中国产业影响力指数则只有世界其他经济体表现为上升，主要发达经济体对中国产业影响力大幅下降，从2000年的第一位滑落至2014年的第二位，并且区别于"一带一路"沿线经济体和其他高收入经济体投入角度指数较大幅度下降，主要发达经济体产出角度指数出现更大降幅。可见，在2000—2014年中国产业快

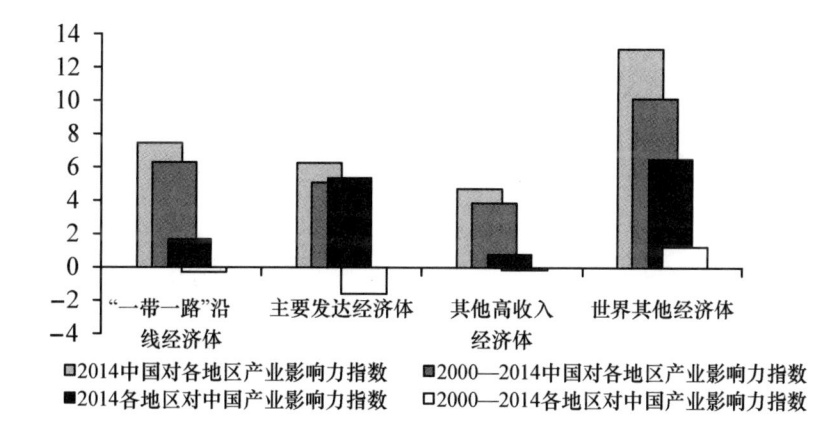

图5—8　2014年中国与各地区基于产出的产业影响力指数及2000—2014年变动情况

---

① 根据产业影响力指数计算公式，此处权重为经济体的外贸依存度，即出（进）口总产出与东道经济体总产出的比。

速深度融入全球价值链的关键时期,从价值链关联和区域间贸易结构来看,中国与世界各大区域的产业联系呈现较大变化,以其他经济体为代表的世界越来越多经济体与中国产业建立了紧密的联系,产业影响相互加深;"一带一路"沿线经济体与中国产业联系的增强主要以中国产业影响力提升为表现;而主要发达经济体与中国产业联系的紧密程度则相对下降,并以主要发达经济体对中国产业影响力下降为突出表现,尤其是产出角度的影响。

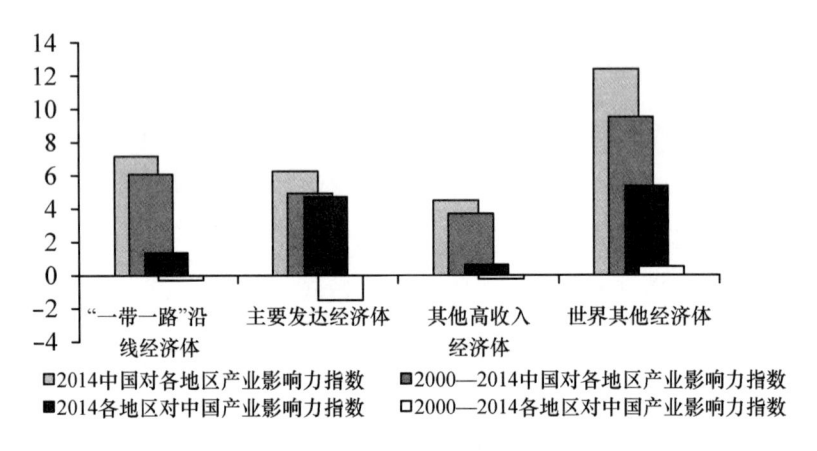

图5—9 2014年中国与各地区基于投入的产业影响力指数及2000—2014年变动情况

第四节 本章小结

上述分析结果显示,国家价值链视角下中国产业竞争力更多地体现在产业价值整合能力和以中间产出(投入)、产业规模衡量的产业影响力上,而在价值增值上竞争力不足。这样一种状况,暴露出中国产业尤其是低增加值率制造业在产业链核心技术和关键环节控制上的缺失,但较高的价值整合能力凸显出中国在新兴产业培育和成长上的较强优势,同时产业影响力快速提升和对主要发达经济体生产依赖及所受影响的降低,为中国产业突破现有全球价值链框架下升级瓶颈,构建国家价值链奠定了基础。

第一，产业价值增值能力不足暴露出中国产业尤其是低增加值率制造业在产业链核心技术和关键环节控制上的缺失。制造业低增加值率和大份额占比是中国增加值率偏低的主要原因，制造业在报告期内增加值率的持续下滑以及产业规模扩大带来的产业比重攀升，直接导致了中国产业价值增值能力的持续减弱，并且货物贸易偏向和服务贸易滞后还带来更低的外部价值获取能力。尽管价值整合和产业影响力不断提升，但产业链延伸和生产规模扩大带给中国自身的边际收益可能并未增加。研究结果同时显示，中国产业价值增值能力提升，不能寄希望于产销区域的转换，而只能通过对核心技术、关键环节等产业链高附加值要素的获取，供给侧结构性改革中尤其应重视这些重点要素，以国家价值链构建打破现有全球价值链的链式平衡，重构全球价值链。这一过程中，"一带一路"沿线经济体作为与中国贸易合作的产业升级最大受益区域，对中国"一带一路"倡议理应积极参与。

第二，较强的产业价值整合能力凸显出中国在新兴产业培育和成长上具有优势。2014年中国产业以71.0%的生产一体化指数远超世界主要经济体，尤其以制造业部门为代表。生产独立性和一体化程度的提高，使得中国对外部区域的中间品依赖不断降低，尤其从中间投入表现对主要发达经济体的生产依赖大幅下降。在当前创新成果和新兴产业不断涌现的工业革命窗口期，完善的产业体系和独立生产能力的增强为新技术引领下新产业的短期快速形成和发展提供了条件，区块链中中国挖矿设备制造业的出现和发展就是一个例子。而产业价值整合能力的提升也意味着中国中间品供给能力的提升，各大区域在中间生产环节对中国中间产出的依赖明显上升，尤其是世界其他经济体和"一带一路"沿线经济体。

第三，以中间产出（投入）、产业规模衡量的产业影响力扩大和对主要发达经济体生产依赖及所受影响的降低，为中国产业突破现有全球价值链框架下升级瓶颈，构建国家价值链创造了条件。无论从产出还是投入角度中国产业对世界产业发展的影响力都在持续扩大，以制造业最为突出，制造业行业内以要素提升为内涵的价值链重构裂变可能正在发生，而农业和资源性产业、服务业其中间投入角度下的要素提升则相对缓慢。同时与产业价值整合的地区分析结果一致，中国产业影响力和受影响范围都有分散扩大趋势，越来越多的经济体受中国产业影响加深，也越来越多地影响中国产业，而主要发达经济体对中国产业影响力则大幅下降。这为中国以制造业为突破口，摆脱现有全球价值链框架下作为"链主"的主要发达经济体的技术约束和品牌、市场限制，提高产业核心竞争力，以自身产业国家价值链构建推动新的全球价值链形成创造了条件。

第 六 章

国家价值链视角下长江经济带产业升级的事实及特征

国家价值链视角下长江经济带产业升级的分析,本章同样应用第二章提出的产业升级理论模型,从价值增值能力、价值整合能力、产业影响力对长江经济带产业价值链升级的事实与特征从总体、行业和地区三方面展开。现有的区域间投入产出表,包括国家信息中心编制的8区域间投入产出表[1],中国科学院区域可持续发展分析与模拟重点实验室开发的《2012年中国31省区市区域间投入产出表(42部门)》[2]、中国碳核算数据库(CEADs)开发的《2015年中国31省区市区域间投入产出表(42部门)》(Multi-Regional Input-Output Model,MRIO2015-CEADs)[3]都未将长江经济带作为一个单独的区域进行统计。我们选取目前地域覆盖和行业门类最广泛、时效性最好的中国碳排放数据库开发MRIO2015 – CEADs,以其为基础构建包括长江经济带、华北华中、东北、东部沿海、西北等5区域的区域间投入产出

---

[1] 包括东北、京津、北部沿海、东部沿海、南部沿海、中部、西北、西南等8区域。

[2] 刘卫东、唐志鹏、韩梦瑶等:《2012年中国31省区市区域间投入产出表》,中国统计出版社2018年版。

[3] Zheng, et al., "Regional Determinants of China's Consumption-based Emissions in the Economic Transition", *Environ. Res. Lett.* https://doi.org/10.1088/1748 – 9326/ab794f. 2020.

表①，对国家价值链视角下长江经济带的产业升级状况展开分析。

第一节 总体分析

图6—1报告了2015年长江经济带与华北华中、东北、东部沿海、西北等我国主要地区产业的增加值率、生产一体化程度和影响力指数对比情况。可以看到，2015年长江经济带总体产业增加值率（V）为32.2%，在五大区域中较东部沿海30.2%的水平略高，位列倒数第二，均低于全国平均水平，而西北地区以41.1%的水平排名第一位，这一结果似乎与区域经济的开放程度相关，越是经济开放参与全球价值链程度越深，产业的增加值率越低，进一步暴露出我国产业在参与全球价值链发展中的价值低增值问题。在生产一体化程度上，长江经济带以54.7%的生产一体化指数（IPP）仅次于东部沿海的55.3%，位列各区域的第二，最低为西北地区的42.2%，反映出长江经济带在产业链的独立性和完整性上在国内各大区域中是有一定优势的，当经济遭遇冲击或面临下行周期，长江经济带产业发展的韧性在各大区域中仅较东部沿海略弱，而由于新冠肺炎疫情和国际经济形势逆全球化的剧变，横跨东中西部的长江经济带在推动经济内循环和内外双循环互促的实现上应是最为理想的区域。在产业影响力上，基于投入的影响力指数（ID^s）和基于产出的影响力指数，长江经济带分别以5.9和5.6的水平在各区域中排名第一，其次为东部沿海地区两项指标分别为3.7和3.8，可见在产业关联体现的全国经济影响力上，长江经济带发挥了甚至比东部沿海地区更为重要的作用。并且在当前国际经济环境下，东部沿海对全国产业发展的影响力或面临下降，而长江经济带则因其承东启西以及联结"一带一路"战略区位的重要性，极有

---

① 华北华中地区包括北京、天津、河北、内蒙古、山西、河南等6省市区，东北地区包括黑龙江、吉林、辽宁等3省，东部沿海地区包括山东、福建、广东、广西、海南等5省市区，西北地区包括陕西、甘肃、宁夏、青海、新疆、西藏等6省市区。

可能因中国开放区位和产业内向度提高的转变,在国内产业发展的影响力上进一步提升。

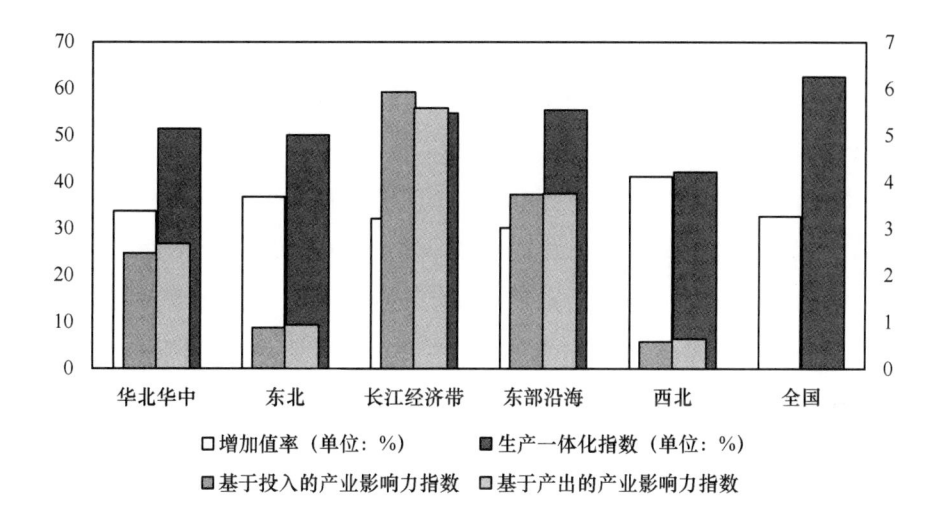

图6—1 2015年国家价值链视角下长江经济带与各区域产业升级指标变动①

从全国的情况来看,2015年全国总体的增加值率水平为32.7%,与WIOD数据计算得到的2014年32.8%的结果相当。生产一体化程度指数为62.6%,与WIOD数据计算得到2014年71%的水平有较大差距,应该主要由于不同统计口径带来的差异。当然作为国内各区域生产一体化程度的参照,这一差异尚不至对结果分析产生大的影响。值得注意的是,各区域生产一体化程度均低于全国水平,反映出国内区域间产业关联在提高全国生产一体化程度上的积极作用,提升区域间产业协作水平和关联程度将有助于国内循环的启动。产业影响力上,区域间投入产出表测算的全国情况并无实际意义,无法与WIOD测算获得的结果进行比对,故未报告。

---

① 生产一体化指数采用定义中的中间投入用于国内部分占总产出的比重进行测算。

第二节 行业分析

图6—2报告了2015年长江经济带分行业产业的增加值率情况。可以看到，2015年长江经济带各行业增加值率分布情况与全国极为相似，增值能力较强的行业主要集中在服务业部门，42个行业增加值率排名前三的为"教育"（76.8%）、"房地产"（72.3%）和"金融业"（65.4%），都属于服务业行业，"教育"在区域投入产出统计中的表现大大强于WIOD统计的结果（56.1%）；制造业行业的增加值率则普遍偏低，17个制造业增加值率全部低于30%，仅有"食品烟草"（26.9%）高于25%，其余"其他制造"（23.8%）、"专用设备"（24.2%）等在内的10个行业增加值率高于20%；42个行业中排名最低的3个行业为"金属冶炼和压延"（13.9%）、"纺织业"（17.7%）和"化学工业"（18.7%）。

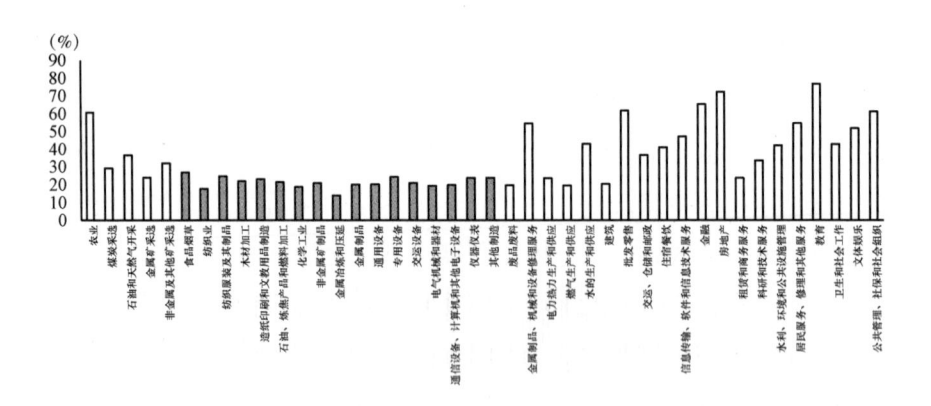

图6—2 2015年长江经济带分行业增加值率①

---

① 注：深色标注的为制造业行业，"废品废料""金属制品、机械和设备修理服务"未列入，图6—3相同。

第六章　国家价值链视角下长江经济带产业升级的事实及特征 / 115

与全国各行业的对比来看，42个行业中长江经济带有24个行业增加值率超过全国平均水平，制造业17个行业中12个高于全国平均水平，可见无论是全部行业还是制造业行业，长江经济带大部分行业增加值率较全国平均水平偏高，反映出长江经济带产业整体的价值增值能力较强，但"租赁和商务服务""科研和技术服务"等部分服务行业较全国低2—5个百分点，产业低端发展的问题仍然较为严峻，如虽然"教育"行业在长江经济带各行业中的增加值率表现上抢眼，但仍然较全国平均水平偏低约1个百分点。

图6—3报告了长江经济带各行业生产一体化指数情况。可以看到与全国情况一致，2015年长江经济带增加值率较高的"教育""房地产""金融"在生产一体化程度上位列倒数三位，分别为20.2%、25.5%、31.2%。全部行业中，制造业行业整体较高，42个行业中最高的为"纺织业"（72.0%）、"化学工业"（66.8%），"木材加工"（65.7%），全部属于制造业行业。此外，"电气机械和器材""金属矿采选""食品烟草""建筑"等其余17个行业超过60%，8个行业在50%—60%之间，5个行业在40%—50%之间，7个行业在30%—40%之间，"房地产""教育"2个行业低于30%。与五大区域相比，长江经济带在"交运设备""电气机械和器材""通信设备、计算机和

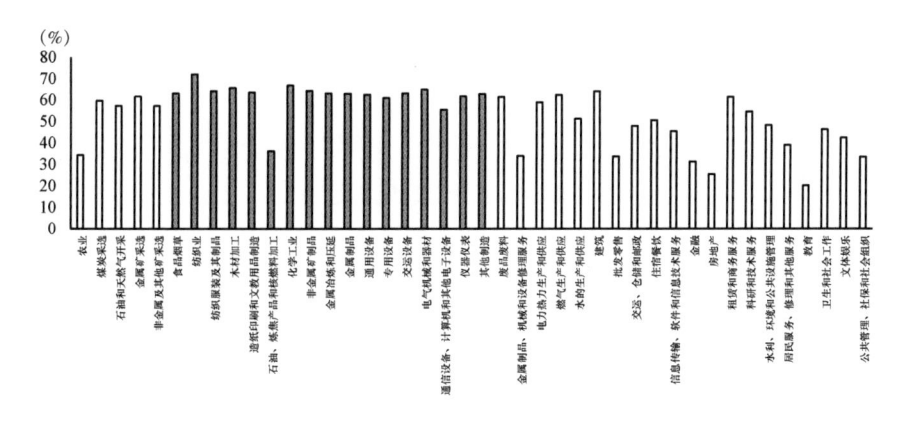

图6—3　2015年长江经济带分行业生产一体化指数

其他电子设备""仪器仪表""其他制造"等多个行业,生产一体化指数排名第一,反映出长江经济带在装备制造领域具有较为完整的产业体系,产业基础较好。

但值得注意的是,长江经济带"石油、炼焦产品和核燃料加工"(36.3%)和"通信设备、计算机和其他电子设备"(55.5%)生产一体化指数分别位列制造业行业的倒数第一和第二,表明长江经济带在上述两个产业的外部供给的依赖性是比较高的。"石油、炼焦产品和核燃料加工"作为特殊的资源性加工业尚能理解,但"通信设备、计算机和其他电子设备"产业生产一体化程度偏低,联合其增加值率19.8%的表现,说明长江经济带在电子制造产业发展上既面临产业链低端困境,又可能因生产环节的方式参与全球和区域价值链,产业水平型分工带来对外部供应链的较强依赖,特别是在关键技术和核心零部件等高增值部分的对外依赖上,与此同时这一问题在全国电子制造产业发展中甚至更为突出。

图6—4报告的各行业基于投入的产业影响力指数(ID^s)和基于产出的产业影响力指数(IU^s)。总体来看,大部分制造行业、建筑业基于投入的影响力指数高于基于产出的影响力指数,而农业、采矿、大部分服务行业则正好相反,基于产出的影响力指数高于基于投入的

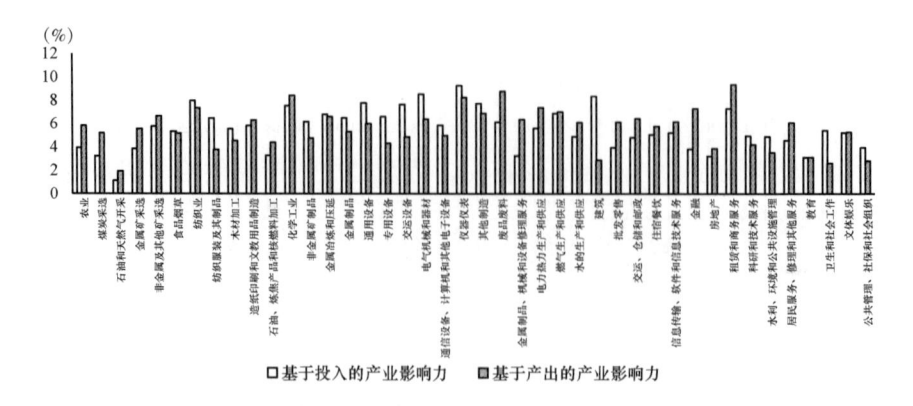

图6—4 2015年长江经济带分行业产业影响力指数

影响力指数。这一结果说明长江经济带大部分制造业和建筑业对我国和世界产业的影响,从投入规模和中间投入(相对于初始投入)角度较从产出规模和中间产品(相对于最终产品)产出角度更大;而农业、采矿、大部分服务业从产出规模和中间品角度较从投入规模和中间投入角度影响更大。一定程度上反映了长江经济带制造业对本地以外产业的影响已经逐渐从终端产品转向中间投入品,这是产业价值链升级的信号,也印证了长江经济带较高生产一体化程度的分析结果。

具体来看,基于产出的产业影响力较高的行业有"租赁和商务服务"(9.4)、"废品废料"(8.8)、"化学工业"(8.4)、"仪器仪表"(8.3)、"纺织业"(7.3)、"电力热力生产和供应"(7.3)以及"金融"(7.3),制造业和服务业均有产业分布,较为充分地体现了长江经济带的优势产业;较低的有"石油和天然气开采"(1.9)、"卫生和社会工作"(2.6)、"公共管理、社保和社会组织"(2.8)、"建筑"(2.9)、"教育"(3.1),全部为非制造业行业。基于投入的产业影响力指数,较高的行业有"仪器仪表"(9.3)、"电气机械和器材"(8.5)、"建筑"(8.3)、"纺织业"(8.0)、"通用设备"(7.8)"交运设备"(7.7)和"其他制造"(7.7),除"建筑"外全部为制造业行业;较低的有"石油和天然气开采"(1.1)、"教育"(3.1)"煤炭开采""石油、炼焦产品和核燃料加工""金属制品、机械和设备修理服务""房地产"(3.2)、"金属矿采选"(3.8)、"公共管理、社保和社会组织"(3.9),主要为矿产资源性产业、制造业服务业和教育、公共管理服务业。上述结果说明了长江经济带在装备制造、化工环保以及消费型服务业上较强的影响力,特别是中间产品供给上优势的增强逐渐取代了终端产品的影响力,实际是产业价值链升级的信号;但两项指数的最低值均出现在"石油和天然气开采","教育"等高端服务业对外影响力无论是产出还是投入角度都显不足,反映出长江经济带在对外资源的依赖和高端服务业发展上存在问题。

第三节 地区分析

图6—5报告了2015年长江经济带分地区输出产品的增加值率，可以看到长江经济带本地增加值率（VD）为34.6%，高于输出至国内其他区域以及出口产品的增加值率，但差距并不太大，最低的西部地区也为30.0%；输入产品增加值率西北地区最高达到38.5%，沿海地区最低仅27.8%。这一情况与全国以及我国区域总体的增加值率分布相似，一方面表明由贸易产品类型决定的长江经济带输出产品结构中增加值率较高的产业不及增加值率低的产业，当然这与服务开展难易相关；另一方面，进一步表明我国全球价值链参与程度较高的地区产业增加值率水平较低，迫切需要通过提升产业价值增值能力推动产业价值链升级。

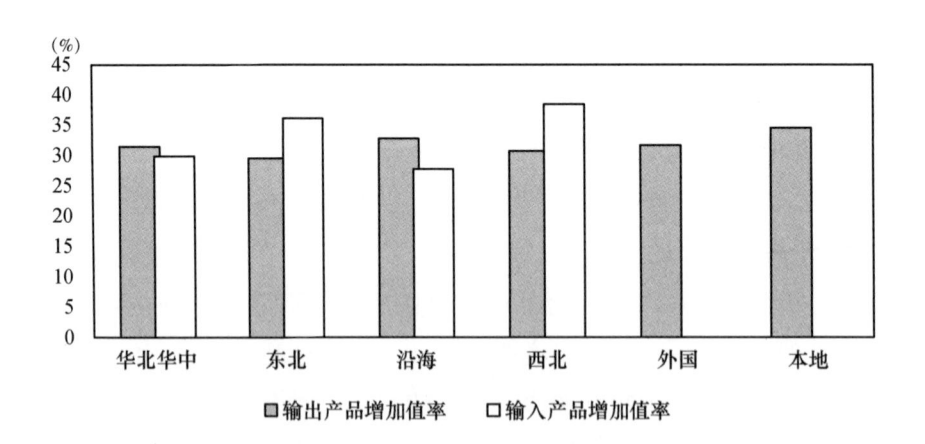

图6—5 2015年分地区长江经济带输出、输入产品增加值率①（单位：%）

按照全国的分析方法，从中间生产环节参与看，长江经济带与各

---

① 因MRIO2015-CEADs未提供外国分行业的中间产品使用数据，此处外国增加值率根据总的增加值和总产出扣除中国国内区域数据估算所得。

区域在生产一体化程度上的相互影响，我们用长江经济带与各区域的中间品输入、输出产出比表示，如长江经济带对各区域的影响即为长江经济带对各区域的中间品输出（各区域自长江经济带的中间品输入）与各区域总产出的比，长江经济带受各区域的影响即为长江经济带自各区域的中间品输入（各区域对长江经济带的中间品输出）与长江经济带的总产出比。图6—6报告了测算的结果，总体来看长江经济带对国内各区域中间品输出的产出比均大于长江经济带从国内各区域中间品输入的产出比，并且也超过了2014年中国对世界各大区域的出口中间品产出比，一方面表明长江经济带对国内各区域生产一体化程度的影响明显大于国内各区域对长江经济带生产一体化程度的影响，各区域对长江经济带产业发展的依赖超过了长江经济带对各区域的依赖；另一方面，也意味着基于中间投入的生产一体化联系在国内各区域间的表现明显强于各国间的联系。

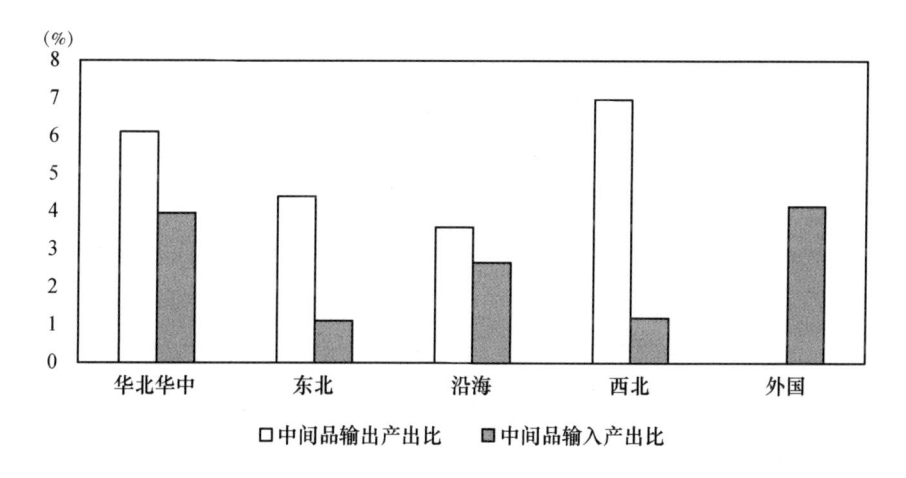

图6—6　2015年分区域长江经济带中间品输出、输入产出比（单位:%）

分地区来看，长江经济带对西北地区生产一体化程度的影响最大，中间品输出产出比达到7.0%，而沿海地区最低，为3.6%；国内区域中，华北、华中地区对长江经济带生产一体化程度的影响最大，中间品输入产出比达到4.0%，最低的东北地区仅1.1%。但是长江经济带进口中间品的产出比达到4.1%，意味着世界市场对长江经济带生产一体化程度的影响超过了国内任何一个区域，这一比例沿海地区甚至达到7.4%，表明长江经济带产业发展受到来自于世界市场的中间投入影响，虽然较沿海地区偏低，但对其自身而言，世界市场仍然是影响最强区域。

图6—7和图6—8报告了投入—产出价值链关联和产品输入输出结构基础上长江经济带与各地区产业影响力指数[①]，2015年长江经济带对各地区的产业影响力表现出较大差异，不管是基于投入还是基于产出角度，受影响最大的均为西北地区，其两项指数分别达到9.2、9.6；其次为东北和沿海地区，长江经济带在这两地区基于投入和基于产出两项产业影响力指数基本相当，前者为1.9，后者为0.4；华中、华北地区则受长江经济带产业影响最低，两项影响力指数都仅为0.04。各地区对长江经济带的产业影响力差异则相对均衡，但是基于产出的影响力均超过基于投入的影响力，投入和产出角度对长江经济带影响最大的为华中华北地区，其两项产业影响力指数分别为0.4、1.0；其次为沿海地区，相比而言下降至0.1、0.4；西北和东北地区相当。这一结果一方面表明长江经济带对我国国内区域间的产业影响力主要是经济较为封闭的西北和东北地区，反之受到产业影响力较大的区域为经济较为开放的华北华中和沿海地区；另一方面反映出各地区与长江经济带的产业关联在产出上的表现强于投入上的表现，表明长江经济带在国内需求市场的拉动上或发挥着较为重要的作用，提升我国的内需市场动力，注重挖掘长江经济带需求市场潜力或具有较大的促进作用。

---

① 根据产业影响力指数计算公式，此处权重为区域的贸易依存度，即输出（输入）总产出与东道区域总产出的比。

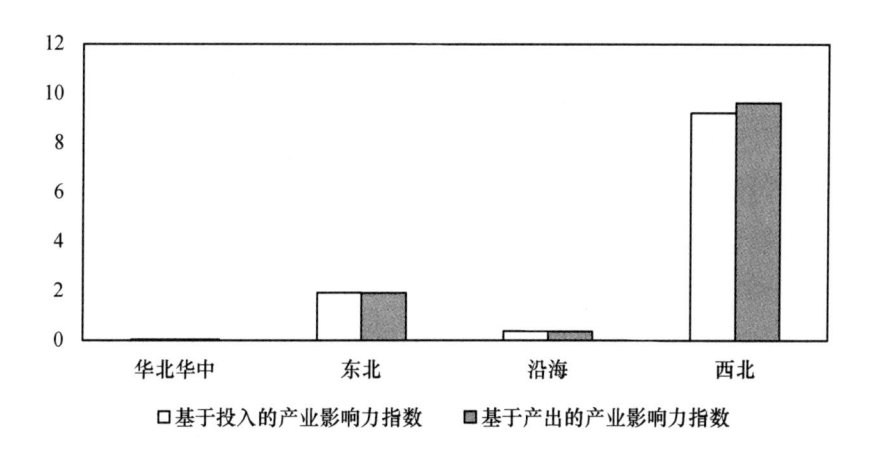

图6—7 2015年长江经济带对各地区产业影响力指数

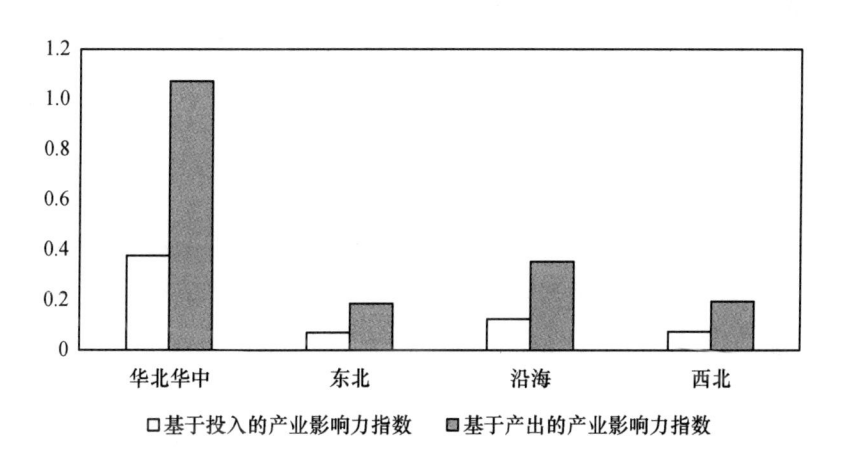

图6—8 2015年各地区对长江经济带产业影响力指数

第四节 本章小结

综合上述分析，国家价值链视角下长江经济带在产业价值增值能力、产业一体化程度、产业影响力三个方面，总体而言产业影响力表现最佳，产业一体化程度次之，而产业价值增值能力最末。这一结果表明：

第一，长江经济带在全球价值链的参与中，面临着我国产业升级中价值增值能力不足的典型问题。虽然行业分析结果表明长江经济带大部分行业增加值率高于全国平均水平，但多个服务业部门表现不佳，也是长江经济带产业低端化发展的表现，并且地区分析结果显示我国全球价值链参与程度较高的地区产业增加值率较低，因此长江经济带产业升级亟待在经济的扩大开放中依靠技术突破、环节跃升解决好价值链升级的问题。

第二，较高生产一体化程度使得长江经济带可能成为新兴产业培育和内循环启动的优势区域。长江经济带拥有建立在完整产业链条上的较高生产一体化程度，并且由于对我国东北和西北内陆地区产业发展的较强影响力，以及对其他地区较大的产出带动力，在当前新技术新产业不断涌现的产业革命窗口期，长江经济带的生产和市场优势为新产业培育发展创造了条件；同时在新冠肺炎疫情和逆全球化趋势加剧环境下，长江经济带将可能成为我国经济实现内循环为主和内外双循环互促的理想实践区域。

第三，长江经济带产业影响力较大，需要以科技创新进一步提升产业技术含量和深化分工水平。虽然长江经济带在制造业中间投入上有较大的产业影响力，对各地区的生产一体化影响也超过其他地区对自身的影响，但是伴随价值增值不足的较大产业影响力可能意味着长江经济带产业升级是以低端产业或低端生产环节的规模化扩张实现，而非建立在技术创新和品牌提升等产业功能和链条升级的基础上。因此以科技创新提升长江经济带产业技术水平和专业化分工水平，将企业盈利方式从规模扩张转向要素和产品内涵提升，对长江经济带产业价值链升级的实现显得尤为重要。

第 七 章

国家价值链视角下长江经济带产业协同发展的事实及特征

第一节 长江经济带产业协同发展的指标体系构建

当前，区域协同发展的指标体系，主要基于两个层面：一是区域内要素间的协同，旨在促进区域的全面、协调可持续发展，相关指标体系主要涉及区域可持续发展和综合竞争力评价，来源大都是知名的国际组织和咨询机构；二是区域内不同地区和城镇群间的协同，旨在促进不同地区和城镇群的职能分工、要素配置优化和形成区域整体竞争力，相关指标主要涉及区域一体化、空间规划以及协同发展，偏重于学界的理论研究。

区域内要素间协同发展的代表性指标体系包括，ISO 城市可持续发展指标体系国际标准，涵盖经济、教育、能源等 17 个领域共计 100 项具体指标[①]。西门子公司委托英国经济学人智库开发的绿色城市指数，先后针对各洲发布"欧洲绿色城市指数""拉丁美洲绿色城市指数""亚洲绿色城市指数"等，针对各国发布"德国绿色城市指数"

---

① 杨锋、邢立强、刘春青、李忠强：《ISO 37120 城市可持续发展指标体系国际标准解读》，《中国经贸导刊》2014 年第 29 期。

"美国和加拿大绿色城市指数"等,其中"亚洲绿色城市指数"包括能源与二氧化碳、土地利用与建筑、交通运输等8个领域的29项指标。[①] 我国环保部的生态文明示范城市建设指标体系,包括生态经济、生态环境、生态人居、生态制度、生态文化等5个领域的30个指标。美国普华永道公司自2007年起发布"机遇城市指数",包括改变世界的工具、生活质量、经济发展3个领域、10个方面的58个指标,其与中国发展研究基金会联合发布的"中国机遇城市指数",2019年包括智力资本和创新、技术成熟度、区域重要城市等10个领域的50个指标。世界银行"城市竞争力指数"综合了世界银行"全球营商环境指数"、联合国"城市繁荣指数"、经济学人"城市竞争力指数""宜居指数"等研究,包括制度和法规、基础设施和土地、技术和创新、企业支持和金融4个核心领域,集聚程度、其他禀赋2个补充类别的共16个指标,并从国家政府、地方政府、私人企业三个维度分别提出优先发展方向。[②]

关于区域内不同地区和城镇群之间协同发展代表性指标体系,欧盟在1999年欧洲空间发展远景战略基础上,从空间维度出发于2000年制定的"欧洲空间规划研究计划",提出了"欧洲空间发展评价标准及指标体系",包括地理位置、空间融合、经济实力、自然资源、文化资源、土地利用压力、社会融合7个标准的14个评价领域。中国社会科学院陈雯(2013)在世界银行2009年《重塑世界经济地理》的基础上,建立了密度、距离、功能分工和功能分割4个维度的区域一体化空间格局测度指标体系。针对长江经济带的区域协同,曾刚等(2016,2020)从长江经济带内部城市协同发展能力出发,选取经济发展、科技创新、交流服务、生态保护4个方面的16项指标(曾刚等,2016),基于复合生态系统、区域创新系统、关系经济地理理论

[①] Economist Intelligence Unit, *Asian Green City Index-Assessing the Environment Performance of Asia's Major Cities*, Unich: Siemens AG, 2011.

[②] World Bank Group, *Compeititive Cities for Jobs and Growth: What, Who, and How*, Washington DC: World Bank, 2015.

（曾刚等，2020），构建了长江经济带城市协同发展能力评价指标体系。黄庆华（2014）、章屹祯等（2020）都基于偏离—份额模型（SSM）对长江经济带产业结构升级和产业转变进行了分析。

综上所述，现有研究对区域要素间协同有较为丰富的论著和较多权威的实践操作指标体系，对区域内地区和城镇群协同也给予了较多关注。本书重点分析的长江经济带产业协同即属于后者研究范畴，并且集中在国家价值链视角下的产业发展上，较上述研究更为微观。为此，在以上研究的基础上，针对当前长江经济带协同发展集中于区域总体经济或产业结构、产业转移等领域，而在价值链协同发展关注不足的问题，本书在国家价值链视角下，建立了如表7—1所示的国家价值链视角下的长江经济带产业协同发展指标体系，基于产业价值链的均衡性、融合性、互补性、开放性以及可持续性等5个要素层面的10个测算指标。利用国家价值链视角下产业增加值、生产一体化程度、产业影响力等指标，结合MRIO2015-CEADs中的产业链开放性和搜集到的产业绿色发展指标对长江经济带各省市的产业协同发展展开分析。

表7—1　国家价值链视角下长江经济带产业协同发展指标体系

要素层	指标层
产业价值链均衡性	增加值率
	增加值规模占比
产业价值链融合性	生产一体化指数
	附加城镇群的生产一体化指数
产业价值链互补性	优势产业数量
	优势产业类型
产业价值链开放性	进口中间投入占比
	出口最终产品占比
产业价值链可持续性	单位GDP用电量
	单位工业GDP废水排放量

注：优势产业的判断以分省市的全国产业影响力为依据。

产业价值链均衡性针对地区产业总体的价值增值和产业规模进行分析；产业价值链融合性主要从中间投入角度，利用各地自身的生产一体化指数和附加城镇群以后进行对比分析，判断各省市融入区域城镇群和长江经济带的程度；产业价值链互补性主要利用各地对全国基于投入的产业影响力指数，判断优势产业的数量和类型，并据此进行分析；产业价值链开放性主要从生产角度的进口中间产品占比和产出角度的出口最终产品占比，分析各省市产业价值链开放水平的特征；产业价值链的可持续性主要从产业能耗和排污两方面进行分析，选取单位 GDP 用电量和单位工业 GDP 废水排放量两项指标。

第二节　长江经济带产业协同发展的评价及分析

一　产业价值链均衡性

从图 7—1 长江经济带各省市产业增加值指标表现的产业发展均衡性上来看，长江经济带各省市之间产业价值链存在明显的不均衡现象。增加值率上，长江经济带各省市之间大体表现出由东向西逐渐升高的过程，表明中上游省市产业具有较强的价值增值能力，但其价值增值能力的获得可能源于禀赋优势基础上资源性产业发展的较高份额初始投入，而并非源于国际分工基础上参与国际竞争。以增加值占比表现的产业价值规模上，长江下游地区上海、江苏、浙江、安徽四省市增加值占长江经济带整体比重达到 52.8%，而 2018 年其人口占比仅为长江经济带总人口的 37.6%；长江中游地区江西、湖北、湖南三省份增加值占比为 25.3%，长江上游地区重庆、四川、贵州、云南四省市仅占 21.9%，表明以经济规模衡量价值链发展上，长江经济带中上游地区与下游地区存在巨大差异，长江经济带经济重心主要集中在长三角地区，规模经济优势突出。

第七章　国家价值链视角下长江经济带产业协同发展的事实及特征 / 127

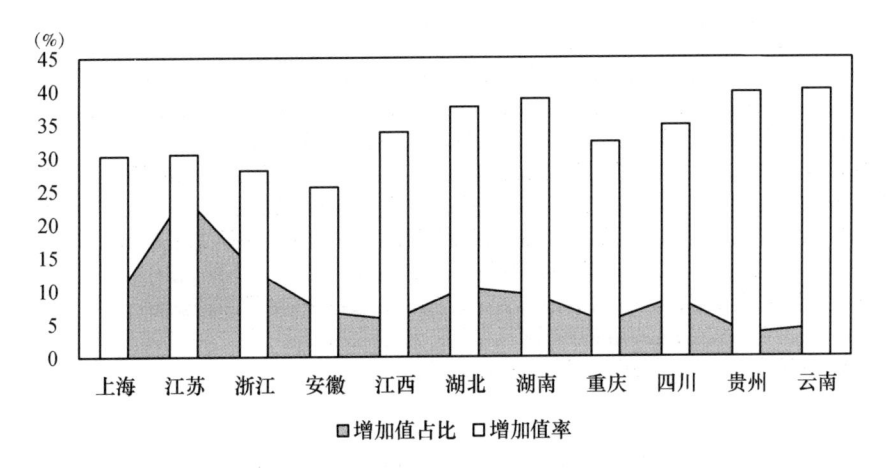

图7—1　2015年长江经济带分省市增加值率与增加值占长江经济带总体比重

二　产业价值链融合性

为了分析长江经济带各省市和地区之间产业价值链的融合性，我们从各省市产业生产一体化的程度出发，图7—2报告了长江经济带分省市及附加城镇群的生产一体化指数。上海的生产一体化程度为11个省市中最低的，仅35.4%；最高的为四川，达到56.3%。排除外部经济的影响，从长江经济带内部的产业价值链融合来看，在附加所在城镇群中间投入以后的生产一体化程度，长三角地区省市明显较中、上游地区生产一体化指数提升幅度大，上海、浙江、安徽附加城镇群中间投入后较之前增加了4.4、5.0、7.0个百分点，而长江中游省份全部低于1个百分点，长江上游地区重庆以1.5个百分点排名第一，四川则以0.46排名最末，同时也是11个省市中变动最小的。这一结果表明长江经济带本地的产业整合能力有较大的差异性，但是国内区域而言，产业整合不能单就本省本市，还需要从区域和整个国内的生产供给协同上来分析，因此长江经济带各省市整体的产业整合能力仍是较高的。但是体现在产业融合上，虽然2012年以后长江经济带的跨区域城镇群融合在重庆等地取得了较

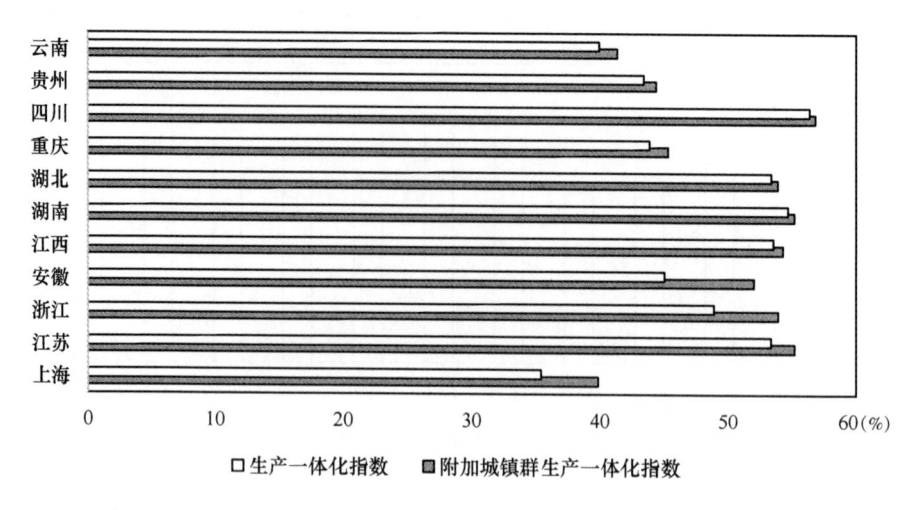

图7—2　2015年长江经济带分省市及附加城镇群的
生产一体化指数

大成效，但总体来看产业链融合仍是以本地生产提供为表现，产业之间跨省的融合仍然有待加强；长三角地区跨省城镇群之间的产业融合虽然明显强于长江中上游地区，但是就区域产业融合的程度上仍然有待提高，附加城镇群以后，生产一体化指数增加均没有超过10个百分点。

三　产业价值链互补性

长江经济带产业价值链的互补性我们主要以基于投入的产业影响力指数为基础，分析各地的优势产业数量和类型，进而对长江经济带产业价值链的互补性展开评价和分析。从表7—2报告的长江经济带各省市三个层次优势产业的数量来看，大致沿长江形成西低东高的三级阶梯走向，下游长三角地区几乎囊括了第一层次即产业影响力指数大于10的全部优势产业，在第二三层次优势产业也有大量分布，42个行业中长三角地区除了"煤炭采选""石油和天然气开采"未进入优势产业，共计40个行业进入优势产业中，但江苏就有38个产业进入产业影响力指数大于 3 的优势产业领域。上海的产业优势主要体现在商务和研发技术等服务产业上，江苏、浙江则以雄厚的制造业基础见长，安徽产业层次略低于上述 3 个省市，但在机械装备制造、制造业服务、资源加工产业等领域也具有一定优势，在产业层次和产业类别上长三角地区已经形成良好的互补关系。长江中游省市的优势产业主要分布在第二三层次，并且基本分布在农业、采矿、金属冶炼、纺织等资源型行业和劳动密集型产业上，装备制造业表现出一定的优势。长三角地区不具有优势的"煤炭采选""石油和天然气开采"则分别出现在了上游的贵州和四川的优势产业门类中，为长三角产业的发展形成较好的补充。但上游地区 4 省市中，贵州仅有"煤炭采选"、云南仅有"建筑"进入第二层次优势产业，其余均为空白，幸而成渝地区表现出较强的产业发展实力，为长江上游地区产业升级形成支撑。

可见长江经济带上中下游地区已基本形成较好的产业互补关系，表现在上游的资源性产业、中游的装备制造和加工业、下游的先进制造和服务业等不同的优势产业分布于长江经济带的三大区域。有几点值得注意：一是长三角地区表现在投入的产业价值链优势地位突出，不仅拥有完整的产业体系，而且几乎所有产业类别都有相当的价值链影响优势，上海的服务、江浙的制造以及安徽的资源性加工业等形成省市间良性的产业互补关系，在生产资源供应充足的情况下产业链生产循环基本可以在本区域实现。二是部分较为高端的装备制造产业或新兴的服务行业，出现在了长江中上游省市的优势产业中，如重庆和湖北的"交运设备"制造、湖南的"文体娱乐""专业设备"制造、四川的"信息传输、软件和信息技术服务"等，为长江中上游产业发展和长江经济带产业价值链整体提升奠定了基础。三是三大区域优势产业中都出现了"交运装备""化学工业"，反映出汽车、化工等产业作为长江经济带的传统优势产业，在区域间已经形成一定程度的产业同构，如何发挥好规模经济优势，协调好不同区域产业链内部的分工协作，避免出现低端产品和低端环节产业过剩值得警惕，同时对化工等高污染行业的污染防控和清洁技术改造也应加快步伐。

表7—2　　　　　　长江经济带各省市优势产业分布

	第一层次（$ID^s > 10$）	第二层次（$10 > ID^s > 5$）	第三层次（$5 > ID^s > 3$）
上海	租赁和商务服务（1）	交运、仓储和邮政；信息传输、软件和信息技术服务；科研和技术服务；金属制品、机械和设备修理服务；燃气生产和供应；批发零售（6）	交运设备；金融；水利、环境和公共设施管理；通用设备；房地产；通信设备、计算机和其他电子设备（6）
江苏	仪器仪表；电气机械和器材；纺织业；通用设备；化学工业；通信设备、计算机和其他电子设备；金属制品；专用设备；纺织服装及其制品；金属冶炼和压延；租赁和商务服务；交运设备；造纸印刷和文教用品制造；木材加工（14）	其他制造；水利、环境和公共设施管理；燃气生产和供应；建筑；非金属矿制品；文体娱乐；居民服务、修理和其他服务；电力热力生产和供应；卫生和社会工作；金融；科研和技术服务；信息传输、软件和信息技术服务；房地产；住宿餐饮；交运、仓储和邮政；水的生产和供应（16）	石油、炼焦产品和核燃料加工；食品烟草；公共管理、社保和社会组织；废品废料；批发零售；农业；教育；非金属及其他矿采选（8）
浙江	纺织业；建筑；纺织服装及其制品（3）	其他制造；电气机械和器材；仪器仪表；通用设备；化学工业；造纸印刷和文教用品制造；电力热力生产和供应；卫生和社会工作；科研和技术服务；租赁和商务服务；燃气生产和供应；金属制品；废品废料；水的生产和供应；信息传输、软件和信息技术服务；交运设备；木材加工；水利、环境和公共设施管理；批发零售（19）	金属冶炼和压延；住宿餐饮；文体娱乐；专用设备；教育；交运、仓储和邮政；金属制品、机械和设备修理服务；石油、炼焦产品和核燃料加工；非金属矿制品（9）

续表

	第一层次（$ID^s > 10$）	第二层次（$10 > ID^s > 5$）	第三层次（$5 > ID^s > 3$）
安徽	废品废料（1）	电气机械和器材；其他制造；通用设备；木材加工；非金属矿制品；专用设备（6）	非金属及其他矿采选；纺织服装及其制品；金属矿采选；金属冶炼和压延；食品烟草；卫生和社会工作；金属制品；化学工业；交运设备；租赁和商务服务；金属制品、机械和设备修理服务；造纸印刷和文教用品制造；建筑；纺织业；电力热力生产和供应；燃气生产和供应；仪器仪表；交运、仓储和邮政（18）
江西		金属冶炼和压延（1）	金属矿采选；非金属矿制品；纺织服装及其制品；非金属及其他矿采选（4）
湖北		食品烟草；纺织业；交运设备；非金属及其他矿采选；其他制造；非金属矿制品（6）	化学工业；建筑；金属制品；纺织服装及其制品；农业；交运、仓储和邮政（6）
湖南		专用设备；文体娱乐；居民服务、修理和其他服务；其他制造（4）	非金属及其他矿采选；非金属矿制品；食品烟草；木材加工；建筑；金属冶炼和压延；水的生产和供应；金属矿采选；通用设备；农业（10）
重庆		交运设备（1）	建筑；通信设备、计算机和其他电子设备；燃气生产和供应（3）

续表

	第一层次（$ID^s>10$）	第二层次（$10>ID^s>5$）	第三层次（$5>ID^s>3$）
四川		燃气生产和供应；非金属及其他矿采选；石油和天然气开采；信息传输、软件和信息技术服务（4）	其他制造；金属矿采选；食品烟草；非金属矿制品；水的生产和供应；建筑；通用设备；通信设备、计算机和其他电子设备；文体娱乐；农业；煤炭采选；水利、环境和公共设施管理；电力热力生产和供应；住宿餐饮；交运设备；专用设备；木材加工；废品废料；化学工业（19）
贵州		煤炭采选（1）	
云南		建筑（1）	

注：括号中为对应层次优势产业的数量。

四 产业价值链开放性

从图7—3报告的长江经济带产业价值链开放性来看，长江经济带全部省市进口中间品占总的中间投入的比重都要高于出口最终品占总的最终品的比重，表明长江经济带各省市产出开放程度都较生产开放程度更大。在产品面向国际市场的产出开放性上，长三角地区、长江中上游地区的江西、重庆表现较好，整体而言上海、江苏、浙江、重庆、江西表现较好。上海无论是以中间品进口占总的中间品投入比重衡量的生产的开放性，还是以出口最终品占总的最终品产出比重衡量的产出开放性，在长江经济带11个省市中都是最高的，其中出口最终品占比达到35.8%，进口中间投入占比为25.9%，其余省市全部在10%以下。长三角核心省市的上海、江苏、浙江明显较其他8个省市产业价值链的开放性更佳，但是除上海外，江苏、浙江主要是以产出的开放性表现为主，在生产投入的开放性上与中西部地区的差异并不太大。中上游省市中产业价值链开放以重庆为代表，其出口最终品占

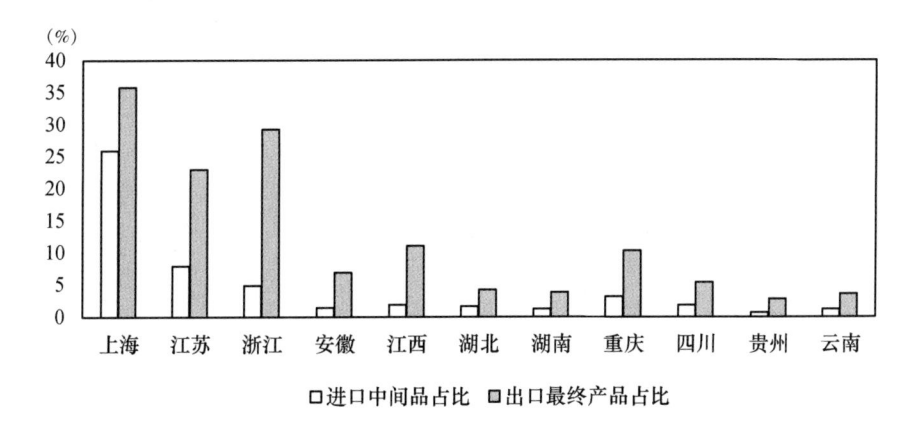

图 7—3　2015 年长江经济带分省市产业价值链开放性

比与进口中间品占比分别为 10.3%、3.2%，虽然出口最终品占比略低于江西（11.1%），但其进口中间品占比大大高于中上游其他省市。这一结果表明长三角地区以上海为代表、长江中上游地区以重庆为代表的省市在生产上融入全球价值链的程度较高。结合优势产业的表现，"通信设备、计算机和其他电子设备"这一全球化程度较高的产业出现在了长三角的上海、江苏以及长江上游的重庆、四川的优势产业中，说明我国经济开放以及与全球价值链的融合主要是以长江下游的长三角和上游的成渝地区为主要区域，成渝地区的扩大开放和对全球价值链的参与是现有全球价值链重构和中国国家价值链形成的重要标志性现象，也反映出长江经济带在联结"一带一路"和促进我国产业向更广泛区域开放的重要作用。

五　产业价值链可持续性

我们以单位 GDP 用电量和工业单位工业 GDP 污水排放量反映产业的能耗和排污情况，图 7—4 报告了测算的结果。可以看到产业能耗和排污情况有三个高点，分别位于上中下游三个区域，包括长三角的浙江、安徽，长江中游的江西，长江上游的云南、贵州。上海和江苏的产业能耗和排污情况在 11 个省市中表现较好，两项指标均位于低位；长三角地区较为突出的是浙江和安徽，两地均表现出较高耗能与较高排放的特征。长江中游的江西表现出低能耗但高污染的特征，湖北、湖南均表现良好。长江上游的云南、贵州产业虽然规模不大，优势产业也不突出，但是其产业则极具高能耗和高污染的特征，两省的单位工业 GDP 污水排放量分别达到 17 吨/万元和 13 吨/万元，在 11 个省市中分别排名第一、第三；单位 GDP 用电量也均超过 11 千瓦时/百元，在 11 个省市中占据前两位。可见，长江经济带省市之间产业价值链的可持续性上表现出较大的差异，这些差异与不同省市发展产业的类型、产业价值链构成有密切联系，如江西的全部优势产业为采矿和矿产资源加工等资源性产业，使其产业表现出高污染的特征；云南、贵州则可能由于产业规模不足，价值链形成相对滞后，在产业节能与污染防控等方面尚需与成渝和长江中下游地区加强协作。

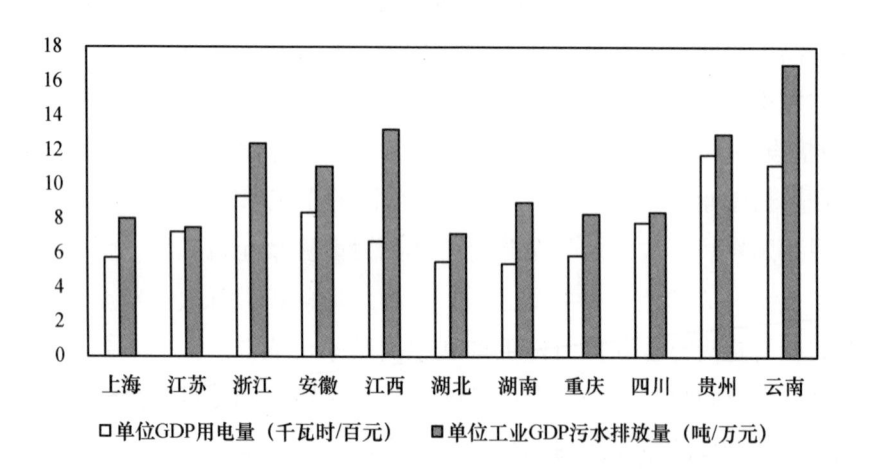

图7—4　2015 年长江经济带分省市产业价值链可持续性①

---

① 注：GDP 和工业 GDP 均根据前文中 MRIO2015 – CEADs 数据计算获得，产业用电量和污水排放量来源于 EPS 数据库。

第三节 本章小结

本书从国家价值链视角下出发，建立了包括基于产业价值链的均衡性、融合性、互补性、开放性以及可持续性等五个要素层面的 10 个测算指标的国家价值链视角下长江经济带产业协同发展指标体系，利用国家价值链视角下产业增加值、生产一体化程度、产业影响力等指标，结合 MRIO2015 – CEADs 中的产业链开放性和搜集到的产业绿色发展指标对长江经济带各省市的产业协同发展展开分析。

结果显示，一是长江经济带各省市之间产业价值链增值不均衡，中上游省市产业有较强的价值增值能力，但其获得并非源于国际分工基础上的产业竞争力，而是来自于资源性产业较高份额的初始投入；以增加值规模衡量的长江经济带产业重心主要集中在长三角地区。二是长江经济带产业整合能力较强，但主要表现为本地生产，产业之间跨省的融合仍然有待加强。三是长江经济带上中下游地区已基本形成不同优势产业的互补关系，尤其是长三角地区产业链优势互补良好，中上游省市在高端装备制造和新兴服务行业领域的优势为长江经济带产业价值链整体升级奠定了基础，但不能忽视汽车、化工等产业同构可能带来的低端过剩和产业可持续发展问题。四是长江经济带产业价值链开放发展的协同程度较好，并且产出开放程度较投入开放程度大，长三角与上游成渝地区在价值链上的协同开放，有力地推动了现有全球价值链重构和中国国家价值链构建，促进了长江经济带在联结"一带一路"和我国产业扩大开放中作用的发挥。五是长江经济带产业价值链可持续性差异较大，仍需从产业类型和价值链构成着手加大协同发展的力度。

第 八 章

国家价值链视角下长江经济带产业升级影响因素的实证分析

我们通过第五章至第七章的分析，对国家价值链视角下长江经济带产业升级与协同发展的现实基础从全国层面产业价值链升级、长江经济带产业价值链升级以及长江经济带协同发展等三个方面的事实和特征有了基本认识，但为什么长江经济带产业升级会表现出这些事实特征，是什么因素在其中产生了影响，特别是本书重点关注的产业技术路径选择发挥了怎样的作用，结合这些问题，本章利用计量分析方法对长江经济带产业升级影响因素展开实证分析。

第一节　研究设计与实证模型

由于国内区域间投入产出数据的缺失，我们无法获得长江经济带一段时期的连续时间序列数据。但幸而我们获得了国家价值链视角下长江经济带2015年整体的产业升级数据和分地区分行业的产业升级数据，以及国家价值链视角下全国2000—2014年分行业的产业升级数据。结合上述数据，本书对长江经济带产业升级影响因素的实证分析拟从行业—地区面板数据模型展开，应用获得的2015年长江经济带分行业分地区的产业升级数据。同时为了印证分析结论，我们利用全国2000—2014年的分行业—时间面板数据进行参照性分析。因为我们关

心的是影响长江经济带产业价值链变动的因素,故将基准的计量模型设定为如下行业面板回归的形式:

$$Y_{it} = \beta_0 + \beta_1 TCI_{it} + \beta_2 \Pi Z_{it} + \omega_i + \varepsilon_{it} \qquad (8.1)$$

上式中,被解释变量 Y 为国家价值链视角下长江经济带产业升级衡量指标,包括衡量产业价值增值能力的增加值率(V),衡量产业生产一体化程度的生产一体化指数(IPP),衡量产业影响力的基于产出的影响力指数(IU^s)和基于投入的影响力指数(ID^s)。为了分析产业技术路径选择对产业升级的影响,我们将工业技术选择指数 TCI(Technology Choice Index,TCI)作为核心解释变量,实证分析中用 TCI 与 1 的差值表示,差值大于 0,代表出现了资本深化,小于 0 代表劳动偏向,数值和差值越大代表技术选择偏向劳动(资本深化)的程度,数值越小(大),表明技术选择越是劳动(资本)偏向型的。Z 是控制变量矩阵,包括:一是行业利润率(Profit Margin,PMA),用以反映行业生产经营状况和盈利水平;二是行业企业数量比(Ratio of Enterprise Quantity,REQ),反映行业的市场化发展程度。增加值率方程除上述两项控制变量外,还加入了生产一体化程度和产业影响力指标。下标 i 和 t 分别是第 i 个行业的第 t 个地区(或第 t 年);ω 是不可观测的行业效应,控制那些在行业间存在差异但不随地区(时间)变化的因素;ε 为随机扰动项;β 是待估参数。

对模型具体形式的选择,我们首先以 Hausman 检验确定模型是选择采用固定效应模型还是随机效应形式,并遵循以下规则:如果 Hausman 检验建议选择固定效应模型,我们即进行固定效应估计;如果检验结果为负值或出现固定效应模型与随机效应模型参数估计方差的差是非正定矩阵(Not Positive Definite)的提示性警告,也就意味着随机效应模型的基本假设(个体效应与解释变量不相关)得不到满足,则无论结果是建议选择固定效应模型还是随机效应模型,我们都将选择固定效应模型。因为固定效应模型具有估计的优势,随机效应模型假定未观测效应与解释变量不相关，固定效应模型则不需要这种严格假定，它允许未观测效应与解释变量可以存在任意的相关关系（Wooldridge，2002），没有理由像随机影响模型那样假设把个体影响处理为与其他回归变量不相关（Mundla，1961；Wallace & Hussain，1969）。

第二节　数据处理与统计描述

本书实证分析涉及国家价值链视角下长江经济带产业升级数据主要依据 MRIO2015 – CEADs 进行行业分类，除"废弃资源""金属制品、机械和设备修理服务"外共包括 17 个制造业行业，其余技术选择、工业分行业利润率、行业市场化程度指标需要利用长江经济带各省市工业分行业的相关指标计算获得，而各省市在此期间工业统计的行业分类根据中国国民经济行业分类（2011），制造业包含"废弃资源""金属制品、机械和设备修理服务"外的 29 个行业。为此，我们以 MRIO2015 – CEADs 制造业的 17 个行业为基础，对各省市分行业的相关数据进行了合并[①]。

全国数据中，国家价值链视角下产业升级数据的行业分类是 WIOD 依据国际标准产业分类第四版（ISIC4），而技术选择、利润率、企业数量等数据的行业分类是依据中国工业行业分类，二者并不完全一致。为此我们以 WIOD 行业分类为基础，对其 18 个制造业行业对应整理了中国国民经济行业分类（2017）中的制造业行业，二者对应关系如表 8—1 所示。因"家具及其他"行业数据缺失较为严重，为保

---

① 具体为"农副食品加工业""食品制造业""酒、饮料和精制茶制造业""烟草制品业"合并入"食品烟草"；"纺织服装服饰""皮毛及其制品和制鞋"并入"纺织服装及其制品"；"木材加工及制品""家具制造"并为"木材加工"；"造纸和纸制品""印刷复制""文体娱用品制造"并入"造纸印刷和文教用品制造"；"化学原料和制品""医药制造""化学纤维""橡胶塑料"并入"化学工业"；"黑色金属冶炼和压延""有色金属冶炼和压延"并入"金属冶炼和压延"；"汽车""铁路、船舶、航空航天和其他运输设备制造"并入"交运设备制造"。

证数据的连续性和一致性，实证分析中我们选取了除"家具及其他"外的 17 个制造业行业。

表 8—1　　　　　WIOD 与中国制造业行业对应关系

ISIC4	WIOD 行业分类 编码	WIOD 行业分类 名称	中国工业行业分类 编码	中国工业行业分类 名称
C10 – C12	5	食品、饮料和烟草	13—16	农副食品加工、食品制造、饮料制造、烟草制品
C13 – C15	6	纺织、服装及皮革	17—19	纺织业，纺织服装、鞋、帽制造，皮毛羽毛及其制品
C16	7	木材及其制品、草编制品及编织材料	20	木材加工及木竹藤棕草制品
C17	8	纸和纸制品	22	造纸及纸制品
C18	9	印制复制	23	印刷业和记录媒介的复制
C19	10	焦炭和石油精炼	25	石油加工、炼焦及核燃料加工
C20	11	化学及化学制品	26，28	化学原料及化学制品制造，化学纤维制造
C21	12	药品、药用化学品及植物药材	27	医药制造
C22	13	橡胶和塑料	29	橡胶和塑料
C23	14	其他非金属矿制品	30	非金属矿物制品
C24	15	基本金属	31—32	黑色金属冶炼及压延，有色金属冶炼及压延
C25	16	金属制品	33	金属制品
C26	17	计算机、电子和光学品	39—40，24	通信设备、计算机及其他电子设备制造，仪器仪表，文工体娱用品制造
C27	18	电力设备	38	电气机械及器材制造
C28	19	未分类的机械和设备	34—35	通用设备制造、专用设备制造
C29	20	汽车、挂车和半挂车	36	汽车制造

续表

ISIC4	WIOD 行业分类		中国工业行业分类	
	编码	名称	编码	名称
C30	21	其他运输设备	37	铁路、船舶、航空航天和其他运输设备制造
C31－C32	22	家具及其他	21，41	家具制造，其他制造业

表8—2 报告了长江经济带和全国主要变量的基本统计情况。控制变量中，长江经济带产业的行业利润率（PMA）用长江经济带各省市规模以上工业企业分行业总利润与主营业务收入的比表示；行业企业数量比（REQ）为规模以上工业企业分行业企业数量与制造业行业（17 个）企业总数的比，由于江西、云南未开展这一指标的统计，我们采用分行业的主营业务收入占比替代。全国数据采用相同方法获得。分析中借助 Stata10 软件，全部数据来源于历年《中国统计年鉴》《中国工业经济统计年鉴》《中国劳动统计年鉴》和长江经济带各省市"统计年鉴"。

表8—2 主要变量的统计描述

变量	长江经济带（样本数 187）				全国（样本数 255）			
	均值	标准差	最小值	最大值	均值	标准差	最小值	最大值
V	22.76	8.414	3.16	67.5	23.78	4.958	14.3	42.5
IPP	51.84	4.945	13.97	81.90	68.94	4.945	52.38	78.40
ID^s	3.837	4.558	0.029	35.67	27.57	16.68	5.003	75.59
TCI[①]	2.385	6.355	－0.970	49.72	2.106	2.352	－0.237	14.29
PMA	5.691	3.249	－10.13	22.48	5.613	2.231	－4.432	11.66
REQ	5.882	6.066	0.137	37.76	5.882	4.364	0.577	17.04

---

① 长江经济带各省市分行业的 TCI 计算中，行业资本存量以固定资产净值替代，计算方法同图 4—1。

第三节 实证结果及解释

一 长江经济带方程的估计结果及解释

表 8—3 显示了长江经济带产业升级影响因素方程的估计结果，其中方程Ⅱ附加了地区和行业虚拟变量的交互项，即长三角省市赋值 1，其余为 0；行业中技术选择偏向资本行业（TCI 大于 1）赋值 1，否则赋值 0。从增加值率（V）方程来看，是否添加虚拟变量交互项对估计结果没有显著影响，表明增加值率变动的影响因素的作用并不会因地域和行业类型而发生变化；技术选择对增加值率不存在显著影响；生产一体化程度和行业盈利能力则影响显著，生产一体化指数每下降一个单位，行业利润率每上升一个单位，增加值率就平均分别上升 0.355 和 1.309 个单位。

生产一体化程度（IPP）方程在附加地区和行业虚拟变量交互项后有了较大变化，技术选择从不显著变为显著变量，产业市场化从显著变为不显著变量，企业盈利则始终表现为显著的负向影响。技术选择对生产一体化程度存在显著的负向作用，技术选择指数每提升一个单位，生产一体化指数平均下降 10.64 个单位，表明产业技术选择劳动偏向对于促成更为完整产业体系确实发挥了积极作用，而资本深化的方向或与专业化分工发展相背；但另一方面产业的行业属性还会对技术选择影响生产一体化程度产生作用，对于资本深化行业，资本深化将抵消部分生产一体化指数的下降，提示我们在具有资本密集的高技术行业推进资本深化的重要作用，二者综合作用的结果是技术选择指数每提升 1 个单位，生产一体化程度提升 0.12 个单位。产业市场化影响的变动或已内涵于区域或更多地在行业属性之中，故从方程Ⅰ的显著变量转变为方程Ⅱ的不显著变量。产业盈利能力的显著影响，按照方程Ⅱ的估计结果，其每提升 1 个单位，生产一体化程度平均下降 0.878 个单位，并且长三角地区产业盈利发挥的作用较其他地区更强；

表8—3　　　　　　　　长江经济带方程实证估计结果

解释变量	方程I V	方程I IPP	方程I ID^s	方程II V	方程II IPP	方程II ID^s
TCI	-0.114	0.032	-0.025	-3.429	-10.64***	-3.026**
	(-1.49)	(0.29)	(-0.80)	(-1.12)	(-2.65)	(-2.20)
IPP	-0.354***			-0.355***		
	(-6.49)			(-6.22)		
ID^s	-0.182			-0.159		
	(-0.97)			(-0.80)		
PMA	1.015***	-0.373*	0.037	1.309***	-0.878**	0.263**
	(6.45)	(8.18)	(0.57)	(4.58)	(-2.30)	(2.06)
REQ	0.068	0.560***	0.107***	-0.175	0.525	0.241**
	(0.81)	(4.96)	(3.28)	(-0.67)	(1.47)	(1.98)
regiontci				-0.157	-0.125	0.013
				(-0.83)	(-0.48)	(0.15)
regionpma				-0.299	1.613***	0.447***
				(-0.81)	(3.31)	(3.56)
regionreq				-0.246	0.283	0.163*
				(-1.09)	(0.92)	(1.66)
industytci				3.375	10.76***	3.001**
				(1.10)	(2.68)	(2.17)
industypma				-0.270	0.216	0.298**
				(-1.01)	(0.60)	(2.41)
industyreq				.302	0.008	-0.181
				(1.16)	(0.02)	(-1.47)
常数项	35.90	50.59	3.054	36.21	46.88	1.746
R-sq (within)	0.38	0.12	0.08	0.40	0.24	0.19
F/Wald chi2	9.37	24.96	14.28	5.42	27.51	60.08
备注	FE	FE	RE	FE	FE	RE

注：括号中为估计系数的t统计值或z统计值；***、**、*分别表示在1%、5%、10%的显著性水平下通过检验；前缀region、industy的变量分别为附加了地区和行业特征的虚拟变量与相关解释变量的交互项。

行业属性的作用主要体现在技术选择影响效果的变动，资本深化行业的技术选择对生产一体化程度有更显著的影响。

影响力方程的被解释变量我们采用基于投入的影响力指数（ID^s），附加地区和行业虚拟变量交互项后，技术选择和产业盈利能力都从方程Ⅰ中的不显著变量变为方程Ⅱ中的显著变量，产业市场化则均为显著变量，地区因素在产业盈利能力作用发挥，行业因素在技术选择和产业盈利能力作用发挥上都有显著影响。技术选择对产业影响力也表现为显著的负向作用，技术选择指数每提升一个单位，基于投入的产业影响力指数平均下降3.026个单位，但附加行业因素后，其综合作用的结果几乎可以忽略。产业盈利能力和市场化水平对产业影响力都有显著的正向影响，并且长三角的地区优势和资本深化行业对上述影响有较为明显的增强作用。

二　全国方程的估计结果及解释

表8—4报告了国家价值链视角下全国产业升级影响因素方程的估计结果。可以看到，与长江经济带方程不同，技术选择对全国产业价值增值能力变动的影响是显著的，资本深化有提升产业价值增值能力的作用，技术选择的劳动（资本）偏向度每提高（降低）1个单位，产业增加值率就平均降低1.243或1.182个单位；生产的一体化程度对产业价值增值能力变动有显著影响，但作用表现为负，每提高1个单位，产业增加值率就平均降低0.646或0.648个单位；产业影响力对产业价值增值能力变动表现为显著的正向影响，基于投入的影响力指数每提升1个单位，产业增加值率将平均提高0.034个单位；行业盈利水平对产业价值增值能力变动也有显著负向影响，每提高1个单位，产业增加值率就平均降低0.107个单位；行业市场化程度对产业价值增值能力变动影响不显著。

表8—4　　　　　　　　　　全国方程实证估计结果

解释变量	V	IPP	ID^s
TCI	1.182***	-1.453***	-8.188***
	(11.54)	(-6.98)	(-11.97)
IPP	-0.646***		
	(-18.57)		
ID^s	0.034***		
	(3.22)		
PMA	-0.107*	0.773***	4.031***
	(-1.74)	(5.62)	(8.91)
REQ	-0.113	-.3147	2.172**
	(-0.97)	(-1.09)	(2.29)
常数项	66.17	69.51	9.417
R-sq（within）	0.851	0.332	0.579
F/Wald chi2	265.1	38.88	107.8
备注	FE	FE	FE

　　从生产一体化程度（IPP）方程来看，技术选择对生产一体化程度有显著的负向影响，技术选择的劳动（资本）偏向度每降低（提高）1个单位，生产一体化指数将平均提升1.453个单位；产业盈利水平对生产一体化程度表现为显著的正向影响，每提升1个单位，生产一体化指数将平均提高0.773个单位；产业市场化程度对生产一体化程度不存在显著影响。产业影响力方程来看，技术选择对产业影响力存在显著的负向影响，技术选择的劳动（资本）偏向度每提高（降低）1个单位，基于产出的影响力指数将平均提升8.224个单位或基于投入的影响力指数平均提升8.188个单位；行业盈利水平对产业影响力表现为显著的正向作用，每提升1个单位，基于投入的影响力指数平均上升4.031个单位；产业市场化程度对基于投入的影响力指数有显著的正向影响，但影响不显著。

第四节 本章小结

实证结果显示，产业发展的技术路径选择对国家价值链视角下长江经济带产业升级的显著影响体现在生产的一体化程度和产业影响力，但对产业价值增值能力提升上影响不显著。在对全国产业升级影响因素的实证分析中，技术选择对国家价值链视角下产业价值能力、生产一体化、产业影响力都有显著影响，产业价值能力的提升要求技术选择偏向资本，而生产一体化程度和产业影响力的提高则对应了技术选择的劳动偏向，部分印证了技术选择影响长江经济带产业升级的结果。

第一，有必要适度提升产业技术选择的资本偏向度和增强企业盈利能力，促进长江经济带产业价值增值能力提升。产业价值增值能力不足是中国和长江经济带产业发展的一大弱项，虽然实证分析中技术选择对长江经济带产业价值增值能力变动影响不显著，但企业盈利能力对增加值率有显著的正向作用，理论分析和全国的研究也表明，产业价值链提升需要更好地掌握产业链核心技术和控制关键环节，走资本深化的产业升级路径，这一结果与理论模型推演的价值链升级结论也一致。

第二，产业发展的技术选择应以推动长江经济带产业系统升级为目标。产业升级是一个系统，依靠产业技术路径选择推动产业升级的目的不是单一目标，因此在劳动与资本互相替代的速度和程度上，需要综合考虑产业发展基础和未来发展方向。实证分析显示，无论是长江经济带和全国的分析中，技术选择在推动国家价值链框架下产业升级各方面目标不一致，原因或在于产业升级目标间本身的不一致，塑造完整产业链条带来的价值整合能力提升本就是以牺牲更高水平的专业化分工获得更高价值增值能力为代价，生产一体化指数对增加值率表达表现为负向作用。因此，产业技术选择偏向劳动带来产业体系健全和规模扩张，提升价值整合能力、产业影响力的同时也需要关注价值增值能力的持续发展。

第三，随着长江经济带和我国产业更多地集中于价值链升级，技术选择对产业影响力的作用将从规模扩张转向中间投入质量提升。实证分析显示，技术选择劳动偏向性提高有利于长江经济带和我国产业影响力提升，原因或在于产业影响力以中间投入、产业规模衡量，产业规模扩张在长江经济带和我国产业影响力提升中发挥了较大作用，而劳动偏向的技术选择与简单规模扩张的产业发展路径是一致的。但是随着产业发展重点转向价值链提升，单纯依靠规模扩张的产业发展路径将不再适用，中间产出（投入）质量提升在中国产业影响力提升中将突显更加重要的作用，技术选择或将以能力提升从中间产业（投入）上增强对产业影响力的作用。

第四，国家价值视角下长江经济带产业升级需要更多地关注地域和行业属性差异，推动跨区域城镇群之间的跨产业协同发展。实证结果显示，生产一体化、产业影响力变动的影响因素会因地区和行业属性的不同，作用效果发生改变，长三角地区的产业盈利能力对生产一体化程度和产业影响力有更强的促进作用；资本深化行业的技术路径选择也会表现出更大程度的推动效果，发生资本深化后技术选择指数提升对生产一体化和产业影响力的负向作用可以获得抵消，转向正向影响，意味着资本密集型行业资本深化推动的技术进步和要素质量提升或能够抵偿因专业化分工发展和规模经济弱化对生产一体化程度和产业影响力的不利影响。因此推进跨区域城镇群的产业协同，在更多的行业内开展产业链联合或有助于推进长江经济带的整体产业价值链提升和国家价值链构建。

第四篇

路径选择与机制建设

伴随参与全球价值链的程度加深和产业持续提升，长江经济带产业升级需要从依靠规模扩张的结构升级向以自主技术带动的价值链升级转变。现有全球价值链深度参与带来长江经济带和我国产业技术选择路径持续偏向劳动的升级障碍，迫切需要通过构建国家价值链打破现有全球价值链链式平衡，实现产业升级。

在理论和实证研究的基础上，我们可以得到以下结论。一是从政策支持和历史发展积累来看，长江经济带具有良好的产业升级和协同发展基础条件。二是长江经济带产业升级更多地体现在产业价值整合能力和以中间产品投入、产业规模衡量的产业影响力提升上，而价值增值能力表现不佳，与全国情况一致，反映了长江经济带与我国产业升级共同面临的核心技术和关键环节控制缺失问题，但在新产业培育、构建国家价值链上具有优势。三是长江经济带产业协同表现出价值链不均衡发展、省际融合不足、可持续性差异较大等问题，但优势产业互补、开放发展协同较好，有利于通过中国国家价值链的构建推动全球价值链重构，以及发挥长江经济带联结"一带一路"促进我国产业扩大开放的作用。四是产业技术选择对长江经济带生产一体化和影响力变动有显著影响，但对价值增值能力影响不显著，同时地区、行业因素叠加改变了包括技术选择在内的影响因素对产业升级的作用效果，显示区域产业协同发展的重要性。

第九章

国家价值链视角下长江经济带产业升级的路径选择

长江经济带产业技术路径的选择既要立足要素禀赋变动的趋势，又要从产业价值链的外部大循环转向内循环为主和构建内外双循环出发，选择与全球科技创新、国际发展环境趋势相一致，并且有利于绿色可持续发展方式形成和现代产业体系构建的技术路径。产业政策的制定和实施，需要对技术奠定的分工地位、产业体系、产业影响力等价值链要素给予足够重视，以价值链升级奠定产业结构升级基础，同时对地区差异、产业类型、生产规模等结构性因素可能带来的叠加影响也应该充分考虑。

第一节 战略性新兴产业升级的路径选择

中国的产业技术前沿正在与世界技术前沿接近，长江经济带及全国都面临技术的后发优势减弱问题。长江经济带及全国整体产业升级都应该以建立在新技术发展基础上的战略性新兴产业为突破，及时推进国家价值链构建。

第一，选择高资本和高知识偏向的产业技术发展路径。在全球化遭受冲击和新技术新产业加快涌现的产业革命窗口期，产业升级更应该关注产业价值链的整合和对核心技术、关键环节的掌握，以国家价值链重构产业技术链和要素供应链，促进技术链条与要素禀赋动态变化的适应，推动产业价值链提升与结构升级。由于战略性新兴产业的技术属性几乎都体现为资本和知识密集型，新技术的更新速度和产业应用变更的速度都较快，技术的创新与发展就决定了产业的升级与进步，只有加大对新技术的资本和知识投入，战略性新兴产业的带动作用才能得到体现。

第二，充分利用产业整合能力优势，大范围布局战略性新兴产业。由于原始创新不能预见，政府和企业都没有足够的信息确定哪一项技术或哪一项产业能够引领未来发展，而且新兴技术与产业不能因为没有及时布局而就此错过，因此对于基本达成共识的未来技术和产业领域，都应该加大投入大范围布局，推进技术选择偏向资本和知识，同时如何通过政策调整形成有利于"创造性毁灭"发生的制度环境也同样重要（蔡昉，2013）。

第三，根据自主技术发展和产业化应用程度，适时推动产业技术劳动偏向度提升。依靠价值链的整合和分离，扩大规模化生产和健全产业体系，在新产业领域构建国家价值链建立新的全球价值链，这与打破已有成熟全球价值链建立新的链式平衡相比，对于拥有巨大国内市场、全国跨区域产业协同最为便利的长江经济带，会面临更小的障碍，更加容易实现。如当前发展迅速的区块链技术、新能源电池技术一旦技术成熟化，需要及时推进相应产业的技术选择从资本偏向向劳动偏向转变，在区块链装备制造、新能源汽车生产等领域快速推进生产环节和零部件的制造分离。

第四，发挥区域禀赋和产业基础优势，差异化协同布局战略性新兴产业。长江经济带广阔的地理覆盖面，为战略性新兴产业的全面布局奠定了基础，但也极易面临共同布局"潮涌"的产业同构和产能过剩问题。如当前我国产业需要集中突破的集成电路领域，如果不考虑区域禀赋和产业基础，一拥而上大量布局，不但实现不了技术突破的预期，还可能因资本投入过度分散带来低效竞争和低端过剩的后果。为此，长江沿线主要城市在集成电路领域的布局可以通过在不同产品类型、不同技术含量、不同应用领域芯片制造上的差异化布局实现产业领域的更全覆盖；针对我国技术与国外同步的新能源汽车产业，可在研发、制造、电池降解等不同生产环节，锂电、燃料电池等不同技术路线上开展布局。在产业类型上，长三角可以选择高端生物医药、人工智能、工业软件开发、跨产业技术融合等集中布局，将当前仍有优势的低端纺织等产业向长江中上游地区进行转移；长江中游地区可选择高端装备制造、化工、新材料等进行布局；长江上游地区则可以选择电子信息、大数据、5G 产业链、清洁能源、智能制造开展布局。

第二节 传统产业升级的路径选择

传统产业经历了规模化发展的结构升级历程，其产业升级需要加快提高技术选择的资本和知识偏向，走与新兴科技、战略性新兴产业融合发展，以现代劳动密集型产业为主体的产业升级路径。

第一，选择与新兴科技和战略性新兴产业融合发展的产业升级路径。一是以新科技提升传统产业价值链的专业化分工水平。以 5G 科技、大数据、人工智能等新技术为基础，大力促进工业软件、物联网等制造业基础技术发展，促进传统制造产业的精细化和专业化分工发展。二是促进战略性新兴产业在关键共性技术和中间产品上对传统产业发展的支持。致力于突破全球价值链下的技术限制，鼓励战略性新兴产业发展聚焦传统产业升级急需的关键共性技术和中间产品生产，如集成电路、高端装备制造、新材料、动力电池、现代信息、金融服务等产业领域，强化资本和知识密集型生产环节、中间产品在传统产业升级中的主导作用，促进产业新循环的启动和原有产业循环的良好运行。

第二，选择现代劳动密集型产业为主体的产业技术发展路径。主体产业的技术特征是与一国要素禀赋结构变动一致，又与现代科技相融合。虽然中国廉价劳动优势正逐渐减弱，但劳动密集型产业仍然是中国增长的主要动力（张勇，2015），长江经济带主体产业的定位仍然不能脱离人口众多、资本技术相对稀缺的现实国情。传统产业难以升级的症结在于价值链升级障碍，现代劳动密集型是通过技术改进、品牌提升、链条延展等对传统低附加值劳动密集型产业进行升级改造，产业资本和知识密集度显著提升，但仍然以密集使用劳动力为特征的新型劳动密集型产业。在技术上可以定位于较总体产业资本密集度略高，既具备了劳动密集型特征，又适合利用大数据、互联网、人工智能等现代科技赋予其更高的知识密集度和智能生产程度，产业链条中的某些环节已经具备资金技术密集特征的相关产业，如制造业中的电子设备制造、化工、医药制造、交运设备制造等行业。

第三，从产业价值链出发，推动区域产业转移和有效承接。一是产业转移和承接要从关注产业类型向关注价值链环节转变。长江中上游地区尤其在产业选择尤其不能以产业类型进行判断，而应该更多地考虑产业的技术属性和与当地禀赋的适应性，对于纺织服装等传统产业不能一概拒之，对于市场前景好、品牌价值高、技术环节靠前的产业应该尽量创造条件接纳。二是推动产业转移从复制式向升级式转变。长江中上游地区在承接长三角和东部其他地区、世界范围内产业时应注意推进转移方式从复制式向升级式的转变。特别是电子制造等相关产业，当前长江经济带和我国整体这类产业价值增值能力弱，与其所应具有的技术特征不相吻合。这类产业，在产业转移中，尤其需要抓住技术变革和产业变革的机遇，通过转移实现智能化升级改造。以生产智能化推动工艺升级，以智能产品推动产品升级，以智能技术突破和智能产品品牌推动功能升级，以智能平台和智慧生活推动全要素生产率的提升和人力资源可持续发展，最终实现产业价值链从低端向中高端迈进，产业结构从劳动密集型向技术和知识密集型转变。

第三节　推动产业技术路径选择能力提升

由于外来技术通常依据技术来源地区的要素禀赋，长江经济带的产业持续升级，是以技术创新，尤其是以建立在本土要素禀赋基础上的自主技术创新为根本动力。推动长江经济带产业升级，需要大力倡导自主创新，提升技术选择的能力，充分发挥自主技术对产业价值链升级的积极作用。

第一，推进技术选择的内生化。只有技术选择内生于本地的要素禀赋结构，产业才能不断优化升级。技术选择的内生化要求要素价格能够反映要素禀赋和企业的要素需求，这就需要进一步加强要素市场建设，建立要素价格市场化的形成机制。

第二，鼓励自主创新，提高产业技术选择的自主性。长江经济带产业发展的技术选择路径不能总是沿着经济发达区域技术变动的道路，技术选择需要建立在本地要素禀赋变动的基础上，这样才能促使技术选择的内生化。以自主创新引领新产业的发展壮大，推进传统产业的转型升级，使得技术创新建立在本国的要素禀赋和需求结构基础上，实现自主的产业技术选择。

第三，鼓励跨行业、跨领域、跨区域的技术创新。新兴产业领域，中国与世界先进国家同在一个发展水平或者技术水平相差不大，产业发展中，以跨行业、跨领域和跨区域的技术创新活动占领新产业发展的技术制高点，推动技术的产业化应用，提高技术应用和市场发展速度，不断开辟新的生产服务领域，发挥技术进步的就业创造效应，以带动价值链跃升和产业结构升级。

此外，加强有利于新产业发展的基础设施建设和人力资源发展，形成有利于创新的制度环境，对于推动技术选择能力提升也十分必要。

第四节　强化产业升级的积极因素

产业升级需要依靠选择适宜的技术发展路径，但是长江经济带产业升级还受到经济开放、市场环境、行业盈利、地区差异、行业属性等多种因素的影响，技术选择对产业升级作用的发挥也是上述多种因素共同作用的结果。为此，需要在政策的制定中强化相关因素对产业升级的积极作用，推动技术选择对产业升级促进作用的发挥。

第一，以更高水平的开放推动形成国内外统一大市场，推动国家价值链构建和长江经济带在全球价值链中的地位提升。一是进一步扩大服务业开放水平。服务贸易的发展有利于产业外部价值获取能力的提高。受益于经济开放，中国成为世界第二大经济体、第一大货物贸易国，继续扩大开放是中国和长江经济带产业发展的必然选择，通过提高开放水平，促进国内市场和国外市场的联通，形成内外统一大市场，在此基础上构建国家价值链。二是依靠自贸区建设，打造全国高水平开放的新高地。中国的成本优势正在丧失，如果不能从参与全球价值链中获得某些领域的技术、品牌等产业升级所必需的新优势，势必会带来全球经济更多的保护和限制，影响世界经济增长新动力的形成。中国在全球价值链中的地位提升是世界产业发展的必然，世界广大的发展中经济体从中国的产业升级中获得利益，以"一带一路"沿线国家尤为突出，也并不意味欧美日在某些最为前沿的世界科技和产业领导地位的丧失，相反"世界工厂"产业的大规模转移将推动全球生产和贸易的帕累托改进，带来新的需求和世界经济增长的新动力。因此，中国的进一步开放是中国和世界经济持续发展的必由之路，以长江经济带各省市自贸区建设推动形成更高水平、更广领域的对外开放格式，将有利于技术选择对产业升级积极作用的发挥。三是协调东中西部开放格局，尤其是提升中部省市产业链的开放发展水平。

第二，推动企业发展方式变革和盈利水平提升。长江经济带产业盈利水平对产业价值增值能力提升有积极作用，而全国还存在较弱的负向影响，原因或在于近年来长江流域网络经济的发展或推动了长江经济带企业发展模式变革，产业盈利能力提升依赖了专业化的内涵式增长，而依靠规模化扩张的产业盈利方式不利于产业价值链提升，因此促进企业发展模式从规模化扩张向专业化内涵发展十分必要。

第三，加快体制改革步伐，不断提升产业市场化发展水平，缩小跨地区的制度环境和行业发展差异。产业的市场化发展对长江经济带产业影响力提升有积极作用。供给侧结构性改革的本质特征就是深化改革，以改革推动市场环境不断优化和地区营商环境的趋同发展，打破行业发展壁垒和垄断带来的不正常行业盈利差异，更好地促进产业升级和促进技术选择对产业升级积极作用的发挥。

第十章

国家价值链视角下长江经济带产业协同发展机制体系建设

加强产业技术路径选择对产业升级的影响，需要更好地发挥长江经济带跨区域产业均衡化、融合互补、一体化开放、可持续协同发展上的积极作用，在不断改善产业发展环境的同时，注重技术创新和研发引导，推动更多产业向高资本、知识属性转变，实现高质量发展。围绕国家价值链视角下产业价值增值能力、产业整合能力和产业影响力提升的良性互动建设长江经济带产业协同发展的机制体系，是在"共抓大保护，不搞大开发"前提下，着力消除阻碍长江经济带产业三种能力提升的不利因素，推动其自我强化和优化互促，为产业升级路径的持续改进提供制度基础。基于上述目标，国家价值链视角下长江经济带产业协同发展机制体系建设包含产业价值链协同发展机制、技术创新协同发展机制、生态环境协同发展机制和跨省际区域协同发展机制建设四个方面。

第一节 长江经济带产业价值链协同发展机制

产业价值增值能力、产业整合能力和产业影响力提升的良性互动是国家价值链视角下长江经济带协同发展的核心目标。为此，产业价值链协同发展机制的建设即是通过区域内产业价值链的合理布局，促进专业化分工发展以及与全球价值链的互融共促，推动产业升级由低端流程、产品升级向功能、链条升级转变，由单一产业和环节发展向产业体系和生态转变，提升现代服务业和高技术服务业比重，培育具有全球价值链组织能力的企业集团和广泛的价值链参与主体，形成长江上中下游地区产业协同发展的格局。

第一，以长江航道建设为基础，建设综合立体交通网络协同发展机制。一是借鉴莱茵河经济带协同发展经验，以国家主要领导和中央相关部委牵头，联合长江经济带11个省市，通过定期主要领导联席会、主要部门工作会、人员互派、设立专门机构等，建设长江经济带航道和交通协同发展长效工作机制。二是水利、交通、工信等多部门联合，在长江航道防洪和水资源利用基础设施建设上，通过航道整治、船型标准化建设、支流航道提升、港口功能优化和提高三峡枢纽通过能力等，提升长江航线整体航运能力。三是统筹铁路、公路、航空、管道建设部门，加快建设立体综合交通基础设施网络，推动多式联运的快速发展。四是整合交通、海关等部门工作职能，加强水铁公、航空和管道的有机衔接，提升综合交通枢纽运行效率。

第二，以数字信息化为基础，建设价值链联通的信息沟通机制。信息沟通机制的核心在于长江经济带产业链的一体化分工发展，优化长江经济带上下游、城镇群、省市间的产业链信息沟通渠道，使长江经济带产业发展利益相关方和主要价值链参与者的信息沟通常态化和透明化，提升信息获取的时效性、便捷性以及不断降低获取信息的成本和难度。一是建设长江经济带产业发展的综合信息发布平台；二是建立长江经济带政府、企业和其他相关机构产业信息的公开发布机制；三是在新技术的使用和突破信息上建立适当的共享机制。

第三，以市场需求为导向，建立产业链需求响应机制。需求响应机制的关键是从中间产品供给角度，提升长江经济带产业链供应的整体联动能力，在市场需求发生变动或新的需求爆发之时，能够抓住机遇，快速组织相关零部件和中间产品企业，推出新的产品和形成新的产业链条。一是加快企业产品和行业发展的数字化统计和信息发布；

二是借鉴终端产品销售平台，建设各类综合和专业中间产品展示交易市场和线上交易平台；三是推进中间产品生产企业与终端产品生产企业以及跨产业的联合沟通。

第四，以比较优势为基础，建立以价值链为核心的产业转移机制。长江经济带产业协同发展，产业转移是重要的实现途径。以价值链为核心进行产业转移，能够更好地突显各地的资源禀赋优势，实现区域产业结构的优化升级。一是建设长三角、长江中游和成渝城镇群的产业内分工发展机制，在交通装备、能源化工等各地都布局的产业上，按照区域资源禀赋条件、生态环境容量和主体功能定位，加强三大城镇群在产品类型、生产技术、生产规模上的分工协作，形成各具特色的产业集群，提升规模经济和范围经济优势。二是在长江中上游地区建设产业转移承接示范区和加工贸易梯度转移承接地，引导纺织服装等传统产业全产业链向长江中上游地区转移，引导加工制造等劳动密集型生产环节以技术提升的方式向中西部地区转移。三是建设长三角地区对中上游地区的产业技术和人才帮扶机制，在清洁能源技术、污染防治技术、关键共性技术和相关专业人才上，鼓励长三角地区技术和人才向中上游省市流动。

第二节　长江经济带技术创新协同发展机制

创新能力不足导致的价值链攀升困境，是长江经济带乃至全国产业升级的痛点。提升区域的创新能力和产业技术水平，关键是要集聚创新资源，提升以企业为主体的产业创新能力；推动创新成果转化，建立创新成果转化的服务平台和市场化制度支撑；发挥创新高地带动作用，推动创新要素的跨区域共享。

第一，以创新资源集聚为基础，建设技术创新推进机制。一是建设以企业为主体的技术创新推进机制，推动高科技企业做大体量，鼓励企业自建研发中心和联合建立行业研发中心，跨领域基础研发中心，引导创新资源向企业集聚。二是构建以长三角为主的世界级研发创新中心、国家级技术中心、特色技术创新中心与长江中上游地区国家级创新中心、省级创新中心在技术开发、成果转化、市场培育等方面的合作共享。三是建设产学研合作机制，发挥上海、武汉、合肥和成渝在高等院校和研究机构上的优势，鼓励城镇群内和跨城镇群的产业技术创新战略联盟发展，探索以市场化的运作方式建立新型研发创新机构。

第二，以创新成果产业化为基础，建设推动技术市场化交易机制。一是建设产学研结合的技术产业化联盟，加快新技术、新工艺、新产品的示范和应用。二是探索建立长江经济带技术交易平台、技术转移中心和知识产权交易中心，促进创新成果与市场需求对接。三是建设创新成果转化的金融促进机制，加强科技成果转化引导基金与新兴产业创业投资基金的联动，增加创新型企业在金融市场的融资方式，提高创新人才对创新成果市场化收益的享有份额。

第三，以创新高地带动为基础，建设区域协同创新机制。长江经济带科研优势突出、人才资源禀赋丰厚、科技创新成果丰富，具有较高协同创新优势，但是流域的科技资源的集聚度从东到西梯度递减差异明显，中部地区和中西部之间的协同创新效应较低、急需提升。完善区域协同创新体系，要促进区域创新资源的整合、引进，加快创新成果交流与资源流动。一是建立省际产学研用创新机制，按照行业门类或技术进步方向聚合各区域技术创新主体，推动共同建设、利益共享、风险共担的技术创新转化流程，促进国家重大科技基础设施和大型科研仪器向社会开放，实现跨机构、跨地区开放运行和共享，推动长江上中下游深度合作。二是系统推进长三角地区以上海为中心、长江中游地区以武汉为中心、长江上游地区以成渝双城经济圈为中心的全面创新改革试验，加快把上海建设成为具有全球影响力的科技创新中心，发挥长三角地区对长江经济带创新发展的龙头带动作用，推动武汉东湖、上海张江、苏南、长株潭、成都、杭州、合芜蚌、重庆、宁波、温州、鄱阳湖等国家自主创新示范区建设，协同打造具有国际竞争力的创新资源集聚区。三是推进长江中上游地区江西、攀西等地区的战略资源创新开发，推动资源富集地战略资源的科学开发和创新利用。

第三节　长江经济带生态环境协同发展机制

习近平总书记指出，当前和今后相当长一个时期，要把修复长江生态环境摆在压倒性位置，共抓大保护，不搞大开发。[①] 长江经济带生态协同治理，核心是需要通过合理的机制建设，解决好水环境治理、产业绿色发展和不同地区的公平发展问题。

第一，以"水"为核心，建设长江流域生态协同修复机制。长江流域生态功能退化严重，沿江产业发展惯性较大，污染物排放基数大，废水、化学需氧量、氨氮排放量分别占全国的43%、37%、43%。修复长江生态功能，核心是做到"三水共治"。一是建设水污染治理机制。在长江全域控制化工、船舶、农业面源、沿江尾矿库等源头；在城镇群内要截住城镇污水垃圾；以严重污染水体、重要水域为重点，跨区域构建源头控污、系统截污、全面治污三位一体的水污染治理体系。二是加强水生态修复机制。建设跨区域的两岸绿化行动，水生生物多样性保护工程，协同岸线修复等。三是建设全流域水资源利用和保护机制，强化流域水资源和电力资源统一管理调度，优化水源结构，提升供水和水电资源的调控和保障能力。

第二，以产业布局优化和技术升级为基础，建设长江经济带产业可持续发展机制。长江流域环境风险隐患突出，推动长江经济带生态协同治理，要以产业布局优化和技术改造升级为基础，化解产业发展带来的环境污染问题。一是建设沿江产业布局调整机制。在控制沿江

[①] 新华网：《习近平在推动长江经济带发展座谈会上强调 走生态优先绿色发展之路 让中华民族母亲河永葆生机活力》，http：//www.xinhuanet.com/politics/2016-01/07/c_1117704361.htm，2016年1月7日。

重化工业规模，关停环保不达标企业，既有的重化工项目迁移江边1千米以上等政策的基础上，建立中央与地方、长江经济带跨省际的企业搬迁和调整沟通机制，防止因拔高环保标准和地方"一刀切"政策带来新的企业经营发展问题。二是建立企业环保技术改造升级的促进机制。利用信息技术和智能装备改造传统重污染制造业，提高企业和工业园区循环经济的发展水平，进一步完善环保基础设施，发展环保综合服务市场化主体，实现沿江产业绿色化和可持续发展。

第三，以发展公平为基础，建立生态补偿机制。长江经济带中上游地区产业发展本来就相对长三角滞后，优质生产要素不断向长三角地区和其他经济发达地区流动，加上承担了较重的生态保护任务，产业发展受到严格的管控便难以实现起步突破。从发展公平的角度，建立跨区域的生产补偿机制能够有效解决这一矛盾。一是划分上下游、左右岸、相关行业的权责利关系；二是试点探索区域水生态保护补偿范围、标准体系、经费举措等基础制度；三是建立全流域的生态补偿基金，以专业化的机构运作为生态补偿提供资金保障。

第四节 长江经济带跨省际区域协同发展机制

2020年11月14日，习近平总书记在全面推动长江经济带发展座谈会上强调，长江经济带发展要正确把握自身发展和协同发展的关系，通过做好区域协调发展"一盘棋"这篇大文章，把长江经济带打造成为有机融合的高效经济体。长江经济带跨越我国东中西部，产业与经济发展极不均衡，长江经济带产业协同的管理体制必须是在中央"统"和地方"分"基础上的有机结合，一方面要强化中央在重要经济产业问题、要素人员调配问题、生态环保发展问题等重大问题上的统一管理、统一规划、统一布局；另一方面要根据各地实情，充分发挥地方政府的积极性和主动性，在地方政府层面防止各自为政，加强省际协调，促进长江经济带产业价值整合能力向全流域提升。

第一,以统一市场为基础,建设一体化市场运行机制。一是建立发展规划统筹协调机制,打造良好的共同市场环境。通过规划部门定期的规划联席会和重要规划工作会,在产业发展、水电利用、污染防治、岸线使用、航运发展等跨流域问题上加强合作。二是构建充分竞争和统一开放的商品交易机制,在政府采购、国有企业产品配套等方面打破省际界限,提高长江经济带整体的产业价值整合能力。三是建立市场化的要素配置机制,探索通过省际户籍、土地流转、投资准入等制度改革,消除地方政府在人口、资金、技术流动上的限制,促进下游东部地区高端要素向中西部地区流动。

第二,以便捷物流为基础,建设一体化开放发展机制。一是完善一体化海关通关机制,2014年长江经济带实现了区域通关一体化,沿线7个海关加入,但在业务范围、规模和通关效率上仍有进一步提升空间。二是建立进出口货物多式联运衔接机制,提升全流域综合交通枢纽中的转换乘和接驳能力。三是推动建立对外开放通道的创新和共享机制,借鉴"中欧班列""西部陆海新通道"等对外通道的开通和发展经验,发挥长江经济带联结"一带一路"的优势,共同探索新通道开通和发展的政策创新和推进实施路径。

第三,以治理有效为基础,建立一体化公共服务机制。一是探索建立跨省际的社保缴纳、转接机制。二是建立跨省际的税收征收机制,便捷企业跨省开办的税收缴纳方式,对转移企业、跨省际合作企业给予针对性的税收服务。三是建立公共服务效率提升学习合作机制,将长三角地区上海的"一网通办"、浙江的"最多跑一次"、江苏的"不见面审批"向全流域推广,提升长江中上游省市公共服务效能。

参考文献

奥莎利文:《城市经济学》,北京大学出版社 2008 年版。

蔡昉:《中国经济增长如何转向全要素生产率驱动型》,《中国社会科学》2013 年第 1 期。

蔡跃洲、付一夫:《全要素生产率增长中的技术效应与结构效应——基于中国宏观和产业数据的测算及分解》,《经济研究》2017 年第 1 期。

曹明福、李树民:《全球价值链分工:从国家比较优势到世界比较优势》,《世界经济研究》2006 年第 11 期。

陈雯、苗双有:《中间品贸易自由化与中国制造业企业生产技术选择》,《经济研究》2016 年第 8 期。

程大中:《中国参与全球价值链分工的程度及演变趋势》,《经济研究》2015 年第 9 期。

崔向阳、袁露梦、钱书法:《区域经济发展:全球价值链与国家价值链的不同效应》,《经济学家》2018 年第 1 期。

戴翔:《中国制造业国际竞争力——基于贸易附加值的测算》,《中国工业经济》2015 年第 1 期。

方福前、马学俊:《中国经济减速的原因与出路》,《中国人民大学学报》2016 年第 6 期。

方敏、杨胜刚、周建军、雷雨亮:《高质量发展背景下长江经济带产业集聚创新发展路径研究》,《中国软科学》2019 年第 5 期。

费文博、于立宏、叶晓佳：《融入国家价值链的中国区域制造业升级路径研究》，《经济体制改革》2017年第9期。

高煜、杨晓：《国内价值链构建与区域产业互动机制研究》，《经济纵横》2012年第3期。

郭振淮、金陵：《长江产业密集带建设若干问题探讨》，《经济学家》1996年第4期。

国家发展改革委宏观经济研究院国土开发与地区经济研究所课题组：《区域经济发展的几个理论问题》，《宏观经济研究》2003年第12期。

韩艳红、宋波：《产品内分工、产业转移与我国产业结构升级——基于构建国内价值链视角》，《工业技术经济》2012年第11期。

韩增林、杨荫凯、张文尝、尤飞：《交通经济带的基础理论及其生命周期模式研究》，《地理科学》2000年第4期。

韩中：《全球价值链视角下中国总出口的增加值分解》，《数量经济技术经济研究》2016年第9期。

黄茂兴、李军军：《技术选择、产业结构升级与经济增长》，《经济研究》2009第7期。

黄勤：《论内河产业带的空间结构、空间演进及空间效应》，《四川大学学报》（哲学社会科学版）2015年第2期。

黄庆华、周志波、刘晗：《长江经济带产业结构演变及政策取向》，《经济理论与经济管理》2014年第6期。

黄群慧、贺俊：《"第三次工业革命"与中国经济发展战略调整——技术经济范式转变的视角》，《中国工业经济》2013年第1期。

纪玉俊、张莉健：《全球价值链、行政垄断与产业升级》，《产经评论》2018年第6期。

贾根良、刘书瀚：《生产性服务业：构建中国制造业国家价值链的关键》，《学术月刊》2012年第12期。

金碚、吕铁、邓洲：《中国工业结构转型升级：进展、问题与趋势》，《中国工业经济》2011年第2期。

黎峰：《增加值视角下的中国国家价值链分工》，《中国工业经济》2016 年第 3 期。

李飞跃：《技术选择与经济发展》，《世界经济》2012 年第 2 期。

李梅、柳士昌：《对外直接投资逆向技术溢出的地区差异和门槛效应——基于中国省际面板数据的门槛回归分析》，《管理世界》2012 年第 1 期。

李强：《全球价值链与产业结构调整》，经济管理出版社 2018 年版。

李强：《我国产业升级的要素收入分配效应研究——基于全球价值链攀升的视角》，《国际经贸探索》2015 年第 2 期。

李宇轩：《发展中国家参与全球价值链产业升级机制研究——基于技术进步的角度》，《现代管理科学》2019 年第 6 期。

林毅夫：《发展战略、自生能力和经济收敛》，《经济学（季刊）》2002 年第 1 期。

林毅夫：《新结构经济学》，北京大学出版社 2012 年版。

林毅夫、董先安、殷韦：《技术选择、技术扩散与经济收敛》，《财经问题研究》2004 年第 6 期。

林毅夫、刘明兴、刘培林、章奇：《经济发展战略的实证分析——关于技术选择指数的测量与计算》，经济发展论坛工作论文，No. FC20050059。

林毅夫、张杰：《从融入全球价值链到构建国家价值链——中国产业升级的战略思考》，《学术月刊》2009 年第 9 期。

林毅夫、张杰：《全球代工体系下发展中国家俘获型网络的形成、突破与对策——基于 GVC 与 NVC 的比较视角》，《中国工业经济》2007 年第 5 期。

林毅夫、张鹏飞：《适宜技术、技术选择和发展中国家的经济增长》，《经济学（季刊）》2006 年第 3 期。

林毅夫、郑江淮：《价值链上的中国：长三角选择性开放新战略》，中国人民大学出版社 2013 年版。

刘冰、周绍东：《基于技术和市场内生互动的中国产业升级路径研究》,《管理世界》2014年第2期。

刘林青、周潞、陈晓霞:《比较优势、单位价值和本土企业竞争优势——中国运动鞋产业国际竞争力脆弱性分析》,《财贸经济》2009年第6期。

刘世庆、许英明、巨栋等:《中国流域经济与政区经济协同发展研究》,人民出版社2019年版。

刘守英、杨继东:《中国产业升级的演进与政策选择——基于产品空间的视角》,《管理世界》2019年第6期。

刘维林:《区域产业全球价值链嵌入的绩效与升级路径研究》,经济科学出版社2014年版。

刘有明:《流域经济区产业发展模式比较研究》,《学术研究》2011年第3期。

刘志彪:《以国内价值链的构建实现区域经济协调发展》,《广西财经学院学报》2017年第5期。

卢锋:《产品内分工》,《经济学(季刊)》2004年第4期。

陆大道:《建设经济带是经济发展布局的最佳选择——长江经济带经济发展的巨大潜力》,《地理科学》2014年第7期。

罗良文、赵凡:《工业布局优化与长江经济带高质量发展:基于区域间产业转移视角》,《改革》2019年第2期。

马瑞映、杨松:《工业革命时期英国棉纺织产业的体系化创新》,《中国社会科学》2018年第8期。

毛琦梁、王菲:《比较优势、可达性与产业升级路径——基于中国地区产品空间的实证分析》,《经济科学》2017年第1期。

牛建国、张小筠:《全球价值链中的企业价值链功能升级——以中国体育用品制造业为例》,《企业经济》2019年第10期。

潘秋晨:《全球价值链嵌入对中国装备制造业转型升级的影响研究》,《世界经济研究》2019年第9期。

潘文卿:《中国国家价值链:区域关联特征与增加值收益变化》,《统计研究》2018年第6期。

彭文平、揭阳扬：《比较优势推动产业结构升级中政府与市场的作用——基于新结构经济学视角的研究》，《上海经济研究》2019年第10期。

钱方明：《基于NVC的长三角传统制造业升级机理研究》，《科研管理》2013年第4期。

桑瑜：《产业升级路径：基于竞争假设的分析框架及其推论》，《管理世界》2018年第1期。

苏杭、郑磊、牟逸飞：《要素禀赋与中国制造业产业升级——基于WIOD和中国工业企业数据库的分析》，《管理世界》2017年第4期。

孙大明、原毅军：《空间外溢视角下的协同创新与区域产业升级》，《统计研究》2019年第10期。

孙虎、乔标：《京津冀产业协同发展的问题与建议》，《中国软科学》2015年第7期。

孙建波、张志鹏：《第三次工业化：铸造跨越"中等收入陷阱"的国家价值链》，《南京大学学报》（哲学·人文科学·社会科学版）2011年第5期。

孙文远：《产品内价值链分工视角下的产业升级》，《管理世界》2006年第10期。

孙亚轩：《对外直接投资与母国经济结构升级——基于全球价值链时代日本的经验研究》，《技术经济与管理研究》2019年第7期。

谭力文、马海燕、刘林青：《服装产业国际竞争力——基于全球价值链的深层透视》，《中国工业经济》2008年第10期。

唐海燕、张会清：《产品内国际分工与发展中国家的价值链提升》，《经济研究》2009年第9期。

田学斌、柳天恩：《京津冀协同创新的重要进展、现实困境与突破路径》，《区域经济评论》2020年第4期。

王昌盛、周绍东、钱书法：《本土企业在全球价值网络中的建构性升级——分工、技术与市场内生互动的"第三条路径"》，《世界经济与政治论坛》2014年第2期。

王国斌、罗森塔尔：《大分流之外》，江苏人民出版社2019年版。

王海杰、吴颖：《基于区域价值链的欠发达地区产业升级路径研究》，《经济体制改革》2014年第4期。

王济干、马韵鸿：《长江经济带工业环境规制效率时序及空间分异研究》，《工业技术经济》2020年第1期。

王克岭、罗斌、吴东、董建新：《全球价值链治理模式演进的影响因素研究》，《产业经济研究》2013年第4期。

王岚、李宏艳：《中国制造业融入全球价值链路径研究——嵌入位置和增值能力的视角》，《中国工业经济》2016年第2期。

王林梅、邓玲：《我国产业结构优化升级的实证研究——以长江经济带为例》，《经济问题》2015年第5期。

王直、魏尚进、祝坤福：《总贸易核算法：官方贸易统计与全球价值链的度量》，《中国社会科学》2015年第9期。

文一：《伟大的中国工业革命》，清华大学出版社2016年版。

谢文泽：《拉美地区产业结构的国际比较》，《拉丁美洲研究》2008年第3期。

徐康宁、冯伟：《基于本土市场规模的内生化产业升级：技术创新的第三条道路》，《中国工业经济》2010年第11期。

许冬兰、于发辉、张敏：《全球价值链嵌入能否提升中国工业的低碳全要素生产率？》，《世界经济研究》2019年第8期。

许南、李建军：《产品内分工、产业转移与中国产业结构升级》，《管理世界》2012年第1期。

杨开：《京津冀协同发展的新逻辑：地方品质驱动型发展》，《经济与管理》2019年第1期。

杨仁发、李娜娜：《产业集聚对长江经济带高质量发展的影响》，《区域经济评论》2019年第2期。

姚战琪：《全球价值链背景下中国服务业的发展战略及重点领域——基于生产性服务业与产业升级视角的研究》，《国际贸易》2014年第

7期。

叶红雨、钱省三：《基于国内价值链培育的中国IC产业互动发展障碍因素研究》，《经济问题探索》2009年第8期。

袁嘉琪、卜伟、杨玉霞：《如何突破京津冀"双重低端锁定"？——基于区域价值链的产业升级和经济增长效应研究》，《产业经济研究》2019年第5期。

袁中华、詹浩勇：《生产性服务业集聚、知识分工与国家价值链构建》，《宏观经济研究》2016年第7期。

曾刚、曹贤忠、王丰龙：《长江经济带城市协同发展格局及其优化策略初探》，《中国科学院院刊》2020年第8期。

曾刚、王丰龙、滕堂伟：《长江经济带城市协同发展能力指数（2016）研究报告》，中国社会科学出版社2016年版。

张从果、刘贤腾：《产业带内涵界定与发展演化探讨》，《特区经济》2008年第3期。

张贵、王树强、刘沙、贾尚键：《基于产业对接与转移的京津冀协同发展研究》，《经济与管理》2014年第4期。

张辉：《中国经济增长的产业结构效应和驱动机制》，北京大学出版社2012年版。

张建华等：《中国工业结构转型升级的原理、路径与对策》，华东科技大学出版社2018年版。

张军、吴桂英、张吉鹏：《中国省际物质资本存量估算：1952—2000》，《经济研究》2004年第10期。

张其仔：《比较优势的演化与中国产业升级路径的选择》，《中国工业经济》2008年第9期。

张其仔：《中国能否成功地实现雁阵式产业升级》，《中国工业经济》2014年第6期。

张少军、刘志彪：《产业升级与区域协调发展：从全球价值链走向国内价值链》，《经济管理》2013年第8期。

张亚豪、李晓华：《复杂产品系统产业全球价值链的升级路径：以大飞机产业为例》,《改革》2018年第5期。

张治栋、秦淑悦:《产业集聚对城市绿色效率的影响——以长江经济带108个城市为例》,《城市问题》2018年第7期。

张治栋、王亭亭:《产业集群、城市群及其互动对区域经济增长的影响——以长江经济带城市群为例》,《城市问题》2019年第1期。

章屹祯、曹卫东、张宇、朱鹏程、袁婷:《协同视角下长江经济带制造业转移及区域合作研究》,《长江流域资源与环境》2020年第1期。

赵放、曾国屏:《全球价值链与国内价值链并行条件下产业升级的联动效应》,《中国软科学》2014年第11期。

赵琳、徐廷廷、徐长乐:《长江经济带经济演进的时空分析》,《长江流域资源与环境》2013年第7期。

郑玉、姜青克:《全球价值链双向参与下的生产率效应——基于WIOD数据库的实证研究》,《财贸研究》2019年第8期。

钟业喜、冯兴华、文玉钊:《长江经济带经济网络结构演变及其驱动机制研究》,《地理科学》2016年第1期。

庄惠明、郑剑山、熊丹:《中国汽车产业国际竞争力增强策略选择——基于价值链提升模式的研究》,《宏观经济研究》2013年第11期。

卓越、张珉:《全球价值链中的收益分配与"悲惨增长"——基于中国纺织服装业的分析》,《中国工业经济》2008年第7期。

邹琳、曾刚、曹贤忠、陈思雨:《长江经济带的经济联系网络空间特征分析》,《经济地理》2015年第6期。

[美]迈克尔·波特:《国家竞争优势》,李明轩、邱如美译,华夏出版社2002年版。

[日]速水佑次郎、神门善久:《发展经济学——从贫困到富裕》,李周译,社会科学文献出版社2005年版。

Acemoglu D., Aghion P., Zilibotti F., *Distance to Frontier, Selection, and Economic Growth*, Journal of the European Economic Association, Vol. 4,

Issue1, 2006, pp. 37 – 74.

Acemoglu D., *Equilibrium Bias of Technology*, Econometrica, Vol. 75, No. 5, 2007, pp. 1371 – 1409.

Acemoglu D., Guerrier V., *Capital Deepening and Non-Balanced Economic Growth*, Journal of Political Economy, Vol. 116, 2008, pp. 467 – 498.

Amsden A., Chu W-W., *Beyond Late Development: Taiwan's Upgrading Policie*, Cambridge, MA: MIT Press, 2003.

Andrea M., Carlo P., Roberta R., *Global Value Chains and Technological Capabilities: A Framework to Study Industrial Innovation in Developing Countries*, Oxford Development Studies, Vol. 36, Issue1, 2008, pp. 39 – 58.

Antonelli C., Feder C., *A Long-term Comparative Analysis of the Direction and Congruence of Technological Change*, Socio-Economic Review, Vol. 19, Issue2, 2021, pp. 583 – 605.

Antonelli C., *Technological Congruence and the Economic Complexity of Technological Change*, Structural Change and Economic Dynamics, Vol. 38, 2016, pp. 15 – 24.

Antràs P., Chor D., Fally T., Hillberry R., *Measuring the Upstreamness of Production and Trade Flows*, NBER Working Paper, No. 17819, 2012.

Azar G., Ciabuschi F., *Organizational Innovation, Technological Innovation, and Export Performance: the Effects of Innovation Radicalness and Extensiveness*, International Business Review, Vol. 26, Issue2, 2017, pp. 324 – 336.

Basu S., Weil D. N., *Appropriate Technology and Growth*, Quarterly Journal of Economics, Vol. 113, Issue4, 1998, pp. 1025 – 1054.

Bazan L., Navas-Alemán L., *The Underground Revolution in the Sinos Valley: a Comparison of Upgrading in Global and National Value Chains*, Edited by Schmitz H. *Local Enterprises in the Global Economy: Issues of Governance and Upgrading*, Cheltenhan: Edward Elgar, 2004, pp. 110 –

139.

Carol C., Jonathan H., Cecilia J., Massimiliano I., *Innovation and Intangible Investment in Europe, Japan, and the United States*, Oxford Review of Economic Policy, Vol. 29, Issue2, 2013, pp. 261 – 286.

Cecilia J., Stefano M., Valentina M., *Knowledge Based Capital and Value Creation in Global Supply Chains*, Technological Forecasting & Social Change, Vol. 148, Issue C, 2019.

Charnes A., Cooper W. W., Rhodes E., *Measuring the Efficiency of Decision-Making Units*. European Journal of Operational Research, Vol. 3, Issue4, 1979.

Chiarvesio M., Di Maria E., Micell S., *Global Value Chains and Open Networks: The Case of Italian Industrial Districts*, European Planning Studies, Vol. 18, Issue3, 2010, pp. 333 – 350.

Chu A. C., Cozzi G., Furukawa Y., *Effects of Economic Development in China on Skillbiased Technical Change in the US*, Review of Economic Dynamics, Vol. 18, Issue2, 2015, pp. 227 – 242.

Clark M. A., *The Conditions of Economic Progress*, London: Macmillan and Co. Ltd, 1951.

Ding X., Guo T., Guo Z., *Research on Innovation Strategy Choice of Science and Technology Entrepreneurial Firms Based on Technological Innovation Input*, In: Xu J., Cooke F., Gen M., Ahmed S., *Proceedings of the Twelfth International Conference on Management Science and Engineering Management*, ICMSEM, 2019, pp. 1669 – 1682.

Echevarria Cristina, *Changes in Sectoral Composition Associated with Economic Growth*, International Economic Review, Vol. 38, Issue2, 1997, pp. 431 – 452.

Feder C., *The Effects of Disruptive Innovations on Productivity*, Technological Forecasting and Social Change, Vol. 126, 2018, pp. 186 – 193.

Felipe J., Kumar U., Usui N., Ahdon A., *Why Has China Succded? and

Why It Will Continue to Do So, Cambride Journal of Economics, Vol. 37, Issue 4, 2013, pp. 791 – 818.

Gereffi G., Humphrey J., Sturgeon T., *The Governance of Global Value Chains*. Review of International Political Economy, Vol. 12, Issue1, 2005, pp. 78 – 104.

Gereffi G., *International Trade and Industrial Upgrading in the Apparel Commodity Chain*, Jouranl of International Economics, Vol. 48, Issue1, 1999, pp. 37 – 70.

Hagemejer J., Ghodsi M., *Up or Down the Value Chain? A Comparative Analysis of the GVC Position of the Economies of the New EU Member States*, University of Warsaw Faculty of Economic Sciences Working Paper, No. 23/2016 (214), 2016.

Hausmann R., Klinger B., *Structural Transformation and Patterns of Comparative Advantage in the Product Space*, CID Working Paper, No. 128, 2006.

Hausmann R., Klinger B., *The Structure of the Product Space and the Evolution of Comparative Advantage*, CID Working Paper, No. 146, 2007.

Hummels D., Ishii J., Yi K., *The Nature and Growth of Vertical Specialization in World Trade*, Journal of International Economics, Vol. 54, Issue1, 2001, pp. 75 – 96.

Humphrey J., Schmitz H., *Chain Governance and Upgrading: Taking Stock*, Edited by Schmitz H., *Local Enterprises in the Global Economy: Issues of Governance and Upgrading*, Cheltenhan: Edward Elgar, 2004, pp. 349 – 382.

Humphrey J., Schmitz H., *Governance and Upgrading: Linking Industrial Cluster and Global Value Chain Research*, Brighton: University of Sussex, IDS Working Paper, No. 120, 2000.

Imbriani C., Pittiglio R., Reganati F., Sica E., *How Much do Technological Gap, Firm Size, and Regional Characteristics Matter for the Absorptive*

Capacity of Italian Enterprises?, International Advances in Economic Research, Vol. 20, Issue1, 2014, pp. 57 – 72.

Ivarsson I., Alvstam C. G., *Supplier Upgrading in the Home-Frunishing Value Chain: An Empirical Study of IKEA's Sourcing in China and South East Asia*, World Development, Vol. 38, Issue11, 2010, pp. 1575 – 1587.

Kaplinsky R., Morris M., *A Handbook for Value Chain Research*, IDRC2001, 2001.

Khandker A. W., Salim R., *Wage Subsidy and Full-employment in a Dual Economy with Open Unemployment and Surplus Labor*, Journal of Development Economics, Vol. 48, Issue1, 1995, pp. 205 – 223.

Kim Linsu., *Imitation to Innovation: The Dynamics of Korea's Technological Learning*, Boston: Harvard Business School Press, 1997.

Koopman R., Zhi Wang, Shang-Jin Wei, *Estimating Domestic Content in Exports When Processing Trade is Pervasive*, Journal of Development Economics, Vol. 99, 2012, pp. 178 – 189.

Koopman R., Zhi Wang, Shang-Jin Wei, *Tracing Value-added and Double Counting in Gross Exports*, American Economic Review, Vol. 104, Issue2, 2014, pp. 459 – 494.

Krugman P., *The Narrow Moving Band, the Dutch Disease, and the Competitive Consequences of Mrs. Thatcher: Notes on Trade in the Presence of Dynamic Scale Economies*, Journal of Development Economics, Vol. 27, Issue1, 2006, pp. 41 – 55.

Lall S., Weiss J., Zhang J. K., *Regional and Country Sophistication Performance*, Asian Development Bank Institute Discussion Paper, No. 23, 2005.

Leontief W. W., *Quantitative Input-Output Relations in the Economic System of the United States*, Review of Economics and Statistics, Vol. 18, Issue3, 1936, pp. 105 – 125.

Lewis W. A., *Economic Development with Unlimited Supplies of Labour*, Manchester School, Vol. 22, 1954, pp. 139 – 191.

Miller R. E., Temurshoev U., *Output Upstreamness and Input Downstreamness of Industries/Countries in World Production*, International Regional Science Review, SSRN: https://ssrn.com/abstract=2700845, 2015.

Peretto P. F., Valente S., *Growth on a Finite Planet: Resources, Technology and Population in the Long Run*, Journal of Economic Growth, Vol. 20, Issue3, 2015, pp. 305 – 317.

Romer P., *Increasing Returns and Long-Run Growth*, Journal of Political Economy, Vol. 94, Issue5, 1986, pp. 1002 – 1037.

Schmitz H., *Local Upgrading in Global Chains: Recent Findings*, DRUID Summer Conference, 2004.

Shen G., Zou J., Liu X., *Economies of Scale, Resource Dilution and Education Choice in Developing Countries: Evidence from Chinese Households*, China Economic Review, Vol. 44, 2017, pp. 138 – 153.

Solow R. M., *Investment and Technical Progress*, 1959, in Arrow K. J., Korbin S., Suppes P., *Mathematical Methods in the Social Sciences*, California: Standford University Press, 1960, pp. 89 – 104.

Stewart F., *Facilitating Indigenous Technical Change in Third World Countries*, In Fransman M., King K., eds, *Technological Capability in the Third World*, London: Palgrave Macmillan, 1984, pp. 81 – 94.

Timmer M. P., Los B., Stehrer R., de Vries G. J., *An Anatomy of the Global Trade Slowdown Based on the WIOD 2016 Release*, GGDC Research Memorandum, University of Groningen, No. 162, 2016.

Upward R., Wang G., Zheng J., *Weighing China's Export Basket: The Domestic Content and Technology Intensity of Chinese Exports*, Journal of Comparative Economics, Vol. 41, Issue 2, 2013, pp. 527 – 543.

Yan Zhou, Shumei Chen, Mei Chen, , *Global Value Chain, Regional Trade Networks and Sino-EU FTA*, Structural Change and Economic Dynamics,

Vol. 50, 2019, pp. 26 – 38.

Yang Rudai, Yao Yang, Zhang Ye, *Upgrading Technology in China's Exports*, Chapter 9 in Jun Zhang, Arthur Sweetman, *Economic Transitions with Chinese Characteristics: Thirty Years of Reform and Opening Up*, Montreal: Mc Gill Queens University Press, 2009.

Zheng H., Zhang Z., Wei W., Song M. et al, *Regional Determinants of China's Consumption-based Emissions in the Economic Transition*, Environmental Research Letters, Vol. 15, Issue7, 2020.